为推进建设中国特色社会主义事业为党引法制度作出新贡献

二〇〇九年八月 王胜俊

中国少年司法

2021年第4辑 （总第50辑）

杨万明 主编
最高人民法院少年法庭工作办公室 编

人民法院出版社

图书在版编目（CIP）数据

中国少年司法. 总第50辑 / 杨万明主编；最高人民法院少年法庭工作办公室编. -- 北京：人民法院出版社，2023.7

ISBN 978-7-5109-3436-0

Ⅰ. ①中… Ⅱ. ①杨… ②最… Ⅲ. ①青少年犯罪－司法制度－研究－中国 Ⅳ. ①D926.84

中国版本图书馆CIP数据核字（2022）第009277号

中国少年司法　2021年第4辑（总第50辑）
杨万明　主编
最高人民法院少年法庭工作办公室　编

责任编辑	丁丽娜　执行编辑　杨晓燕
出版发行	人民法院出版社
地　　址	北京市东城区东交民巷27号（100745）
电　　话	（010）67550508（责任编辑）　67550558（发行部查询） 　　　　　65223677（读者服务部）
客服QQ	2092078039
网　　址	http://www.courtbook.com.cn
E－mail	courtpress@sohu.com
印　　刷	三河市国英印务有限公司
经　　销	新华书店
开　　本	787毫米×1092毫米　1/16
字　　数	188千字
印　　张	13.5
版　　次	2023年7月第1版　2023年7月第1次印刷
书　　号	ISBN 978-7-5109-3436-0
定　　价	68.00元

版权所有　侵权必究

《中国少年司法》编辑委员会

主　　任　杨万明　沈　亮

副 主 任　段农根　何　莉　陈宜芳

委　　员　孙玲玲（北京）　程庆颐（天津）　徐茂明（河北）

　　　　　　杨　宏（山西）　那　澜（内蒙古）　牛克乾（辽宁）

　　　　　　姜富权（吉林）　靳　岩（黑龙江）　黄祥青（上海）

　　　　　　毕晓红（江苏）　周招社（浙江）　张　兵（安徽）

　　　　　　黄石勇（福建）　居国屏（江西）　傅国庆（山东）

　　　　　　陈连东（河南）　姚智明（湖北）　杨　翔（湖南）

　　　　　　洪适权（广东）　周　腾（广西）　王　萍（海南）

　　　　　　孙海龙（重庆）　刘　楠（四川）　蒋　浩（贵州）

　　　　　　董国权（云南）　郭建海（西藏）　焦玉珍（陕西）

　　　　　　贾靖平（甘肃）　魏文超（青海）　李　帆（宁夏）

　　　　　　周志豪（新疆）

执行编辑　岳　琳　江　媞

特约编辑　陈伟红（北京）　　吴纪奎（天津）　　马胜泉（河北）

　　　　　　李　智（山西）　　郭云楼（内蒙古）　宋晓枫（辽宁）

　　　　　　齐东妍（吉林）　　初　泽（黑龙江）　孟　猛（上海）

　　　　　　王　蔚（江苏）　　郑晓红（浙江）　　王　帅（安徽）

　　　　　　胡立峰（福建）　　汤媛媛（江西）　　罗　莹（山东）

　　　　　　杜燕萍（河南）　　张云燕（湖北）　　尹玄海（湖南）

　　　　　　莫君早（广东）　　纪　娜（广西）　　盖　曼（海南）

　　　　　　高　翔（重庆）　　刘丽君（四川）　　赵　君（贵州）

　　　　　　杨晓娅（云南）　　牟　强（西藏）　　闫　涛（陕西）

　　　　　　袁亚伟（甘肃）　　佟松树（青海）　　张晓霞（宁夏）

　　　　　　张晓彤（新疆）

目　录

【法律、法律性文件】

中华人民共和国家庭教育促进法

　　（2021年10月23日）……………………………………（ 1 ）

【理论研究】

论监护侵害未成年人与监护人资格撤销的刑民程序合一

　　——以附带民事诉讼的适用为切入点 ……………… 何　挺（ 11 ）

未成年人网络社交中的犯罪被害：风险类型与防范之策

　　………………………………………………………… 王贞会（ 29 ）

未成年人刑事司法中的诉讼协作构造

　　——比较法视野的考察 ……………………………… 王瑞剑（ 41 ）

【改革探索】

少年审判的探索创新与工作展望

　　…………………………… 上海市长宁区人民法院课题组（ 58 ）

猥亵行为应纳入负有照护职责人员性侵罪

　　——以师源性侵为例 ………………………………… 陈　波（ 94 ）

论未成年人刑事判决宣告之有限公开

　　………………………………… 谭建宏　余长江　狄小华（117）

我国未成年人刑事审判简易化可行性研究 ………… 李海斌（130）

【规范性文件】

最高人民法院
　关于认真学习贯彻《中华人民共和国家庭教育促进法》的通知
　　（2021年12月15日）……………………………………（142）
民政部
　关于开展全国未成年人保护示范创建的通知
　　（2021年8月18日）………………………………………（146）

【地方工作】

湖北省高级人民法院
　关于印发《未成年人犯罪记录封存实施办法（试行）》的通知
　　（2021年8月13日）………………………………………（151）
四川省泸州市中级人民法院
　关于印发《涉未成年人案件开展家庭教育指导
　　工作指引（试行）》的通知
　　（2021年12月29日）………………………………………（157）
广西法院未成年人审判工作白皮书（2016—2021）
　　（2021年11月）……………………………………………（161）

【地方案例选登】

福建法院少年审判典型案例 ……………………………………（179）

【域外考察与借鉴】

少年警务美国模式之审视与反思 ………………………夏　菲（187）

【法律、法律性文件】

中华人民共和国家庭教育促进法

(2021年10月23日第十三届全国人民代表大会常务委员会第三十一次会议通过 2021年10月23日中华人民共和国主席令第九十八号公布 自2022年1月1日起施行)

目 录

第一章 总 则
第二章 家庭责任
第三章 国家支持
第四章 社会协同
第五章 法律责任
第六章 附 则

第一章 总 则

第一条 为了发扬中华民族重视家庭教育的优良传统，引导全社会注重家庭、家教、家风，增进家庭幸福与社会和谐，培养德智体美劳全面发展的社会主义建设者和接班人，制定本法。

第二条 本法所称家庭教育，是指父母或者其他监护人为促进未成年人全面健康成长，对其实施的道德品质、身体素质、生活技能、文化修养、行为习惯等方面的培育、引导和影响。

第三条　家庭教育以立德树人为根本任务，培育和践行社会主义核心价值观，弘扬中华民族优秀传统文化、革命文化、社会主义先进文化，促进未成年人健康成长。

第四条　未成年人的父母或者其他监护人负责实施家庭教育。

国家和社会为家庭教育提供指导、支持和服务。

国家工作人员应当带头树立良好家风，履行家庭教育责任。

第五条　家庭教育应当符合以下要求：

（一）尊重未成年人身心发展规律和个体差异；

（二）尊重未成年人人格尊严，保护未成年人隐私权和个人信息，保障未成年人合法权益；

（三）遵循家庭教育特点，贯彻科学的家庭教育理念和方法；

（四）家庭教育、学校教育、社会教育紧密结合、协调一致；

（五）结合实际情况采取灵活多样的措施。

第六条　各级人民政府指导家庭教育工作，建立健全家庭学校社会协同育人机制。县级以上人民政府负责妇女儿童工作的机构，组织、协调、指导、督促有关部门做好家庭教育工作。

教育行政部门、妇女联合会统筹协调社会资源，协同推进覆盖城乡的家庭教育指导服务体系建设，并按照职责分工承担家庭教育工作的日常事务。

县级以上精神文明建设部门和县级以上人民政府公安、民政、司法行政、人力资源和社会保障、文化和旅游、卫生健康、市场监督管理、广播电视、体育、新闻出版、网信等有关部门在各自的职责范围内做好家庭教育工作。

第七条　县级以上人民政府应当制定家庭教育工作专项规划，将家庭教育指导服务纳入城乡公共服务体系和政府购买服务目录，将相关经费列入财政预算，鼓励和支持以政府购买服务的方式提供家庭教育指导。

第八条　人民法院、人民检察院发挥职能作用，配合同级人民政府及其有关部门建立家庭教育工作联动机制，共同做好家庭教育工作。

第九条 工会、共产主义青年团、残疾人联合会、科学技术协会、关心下一代工作委员会以及居民委员会、村民委员会等应当结合自身工作,积极开展家庭教育工作,为家庭教育提供社会支持。

第十条 国家鼓励和支持企业事业单位、社会组织及个人依法开展公益性家庭教育服务活动。

第十一条 国家鼓励开展家庭教育研究,鼓励高等学校开设家庭教育专业课程,支持师范院校和有条件的高等学校加强家庭教育学科建设,培养家庭教育服务专业人才,开展家庭教育服务人员培训。

第十二条 国家鼓励和支持自然人、法人和非法人组织为家庭教育事业进行捐赠或者提供志愿服务,对符合条件的,依法给予税收优惠。

国家对在家庭教育工作中做出突出贡献的组织和个人,按照有关规定给予表彰、奖励。

第十三条 每年5月15日国际家庭日所在周为全国家庭教育宣传周。

第二章 家庭责任

第十四条 父母或者其他监护人应当树立家庭是第一个课堂、家长是第一任老师的责任意识,承担对未成年人实施家庭教育的主体责任,用正确思想、方法和行为教育未成年人养成良好思想、品行和习惯。

共同生活的具有完全民事行为能力的其他家庭成员应当协助和配合未成年人的父母或者其他监护人实施家庭教育。

第十五条 未成年人的父母或者其他监护人及其他家庭成员应当注重家庭建设,培育积极健康的家庭文化,树立和传承优良家风,弘扬中华民族家庭美德,共同构建文明、和睦的家庭关系,为未成年人健康成长营造良好的家庭环境。

第十六条 未成年人的父母或者其他监护人应当针对不同年龄段未成年人的身心发展特点,以下列内容为指引,开展家庭教育:

(一)教育未成年人爱党、爱国、爱人民、爱集体、爱社会主义,树

立维护国家统一的观念,铸牢中华民族共同体意识,培养家国情怀;

(二)教育未成年人崇德向善、尊老爱幼、热爱家庭、勤俭节约、团结互助、诚信友爱、遵纪守法,培养其良好社会公德、家庭美德、个人品德意识和法治意识;

(三)帮助未成年人树立正确的成才观,引导其培养广泛兴趣爱好、健康审美追求和良好学习习惯,增强科学探索精神、创新意识和能力;

(四)保证未成年人营养均衡、科学运动、睡眠充足、身心愉悦,引导其养成良好生活习惯和行为习惯,促进其身心健康发展;

(五)关注未成年人心理健康,教导其珍爱生命,对其进行交通出行、健康上网和防欺凌、防溺水、防诈骗、防拐卖、防性侵等方面的安全知识教育,帮助其掌握安全知识和技能,增强其自我保护的意识和能力;

(六)帮助未成年人树立正确的劳动观念,参加力所能及的劳动,提高生活自理能力和独立生活能力,养成吃苦耐劳的优秀品格和热爱劳动的良好习惯。

第十七条 未成年人的父母或者其他监护人实施家庭教育,应当关注未成年人的生理、心理、智力发展状况,尊重其参与相关家庭事务和发表意见的权利,合理运用以下方式方法:

(一)亲自养育,加强亲子陪伴;

(二)共同参与,发挥父母双方的作用;

(三)相机而教,寓教于日常生活之中;

(四)潜移默化,言传与身教相结合;

(五)严慈相济,关心爱护与严格要求并重;

(六)尊重差异,根据年龄和个性特点进行科学引导;

(七)平等交流,予以尊重、理解和鼓励;

(八)相互促进,父母与子女共同成长;

(九)其他有益于未成年人全面发展、健康成长的方式方法。

第十八条 未成年人的父母或者其他监护人应当树立正确的家庭教

育理念，自觉学习家庭教育知识，在孕期和未成年人进入婴幼儿照护服务机构、幼儿园、中小学校等重要时段进行有针对性的学习，掌握科学的家庭教育方法，提高家庭教育的能力。

第十九条 未成年人的父母或者其他监护人应当与中小学校、幼儿园、婴幼儿照护服务机构、社区密切配合，积极参加其提供的公益性家庭教育指导和实践活动，共同促进未成年人健康成长。

第二十条 未成年人的父母分居或者离异的，应当相互配合履行家庭教育责任，任何一方不得拒绝或者怠于履行；除法律另有规定外，不得阻碍另一方实施家庭教育。

第二十一条 未成年人的父母或者其他监护人依法委托他人代为照护未成年人的，应当与被委托人、未成年人保持联系，定期了解未成年人学习、生活情况和心理状况，与被委托人共同履行家庭教育责任。

第二十二条 未成年人的父母或者其他监护人应当合理安排未成年人学习、休息、娱乐和体育锻炼的时间，避免加重未成年人学习负担，预防未成年人沉迷网络。

第二十三条 未成年人的父母或者其他监护人不得因性别、身体状况、智力等歧视未成年人，不得实施家庭暴力，不得胁迫、引诱、教唆、纵容、利用未成年人从事违反法律法规和社会公德的活动。

第三章 国家支持

第二十四条 国务院应当组织有关部门制定、修订并及时颁布全国家庭教育指导大纲。

省级人民政府或者有条件的设区的市级人民政府应当组织有关部门编写或者采用适合当地实际的家庭教育指导读本，制定相应的家庭教育指导服务工作规范和评估规范。

第二十五条 省级以上人民政府应当组织有关部门统筹建设家庭教育信息化共享服务平台，开设公益性网上家长学校和网络课程，开通服务热线，提供线上家庭教育指导服务。

第二十六条 县级以上地方人民政府应当加强监督管理，减轻义务教育阶段学生作业负担和校外培训负担，畅通学校家庭沟通渠道，推进学校教育和家庭教育相互配合。

第二十七条 县级以上地方人民政府及有关部门组织建立家庭教育指导服务专业队伍，加强对专业人员的培养，鼓励社会工作者、志愿者参与家庭教育指导服务工作。

第二十八条 县级以上地方人民政府可以结合当地实际情况和需要，通过多种途径和方式确定家庭教育指导机构。

家庭教育指导机构对辖区内社区家长学校、学校家长学校及其他家庭教育指导服务站点进行指导，同时开展家庭教育研究、服务人员队伍建设和培训、公共服务产品研发。

第二十九条 家庭教育指导机构应当及时向有需求的家庭提供服务。

对于父母或者其他监护人履行家庭教育责任存在一定困难的家庭，家庭教育指导机构应当根据具体情况，与相关部门协作配合，提供有针对性的服务。

第三十条 设区的市、县、乡级人民政府应当结合当地实际采取措施，对留守未成年人和困境未成年人家庭建档立卡，提供生活帮扶、创业就业支持等关爱服务，为留守未成年人和困境未成年人的父母或者其他监护人实施家庭教育创造条件。

教育行政部门、妇女联合会应当采取有针对性的措施，为留守未成年人和困境未成年人的父母或者其他监护人实施家庭教育提供服务，引导其积极关注未成年人身心健康状况、加强亲情关爱。

第三十一条 家庭教育指导机构开展家庭教育指导服务活动，不得组织或者变相组织营利性教育培训。

第三十二条 婚姻登记机构和收养登记机构应当通过现场咨询辅导、播放宣传教育片等形式，向办理婚姻登记、收养登记的当事人宣传家庭教育知识，提供家庭教育指导。

第三十三条 儿童福利机构、未成年人救助保护机构应当对本机构安排的寄养家庭、接受救助保护的未成年人的父母或者其他监护人提供家庭教育指导。

第三十四条 人民法院在审理离婚案件时，应当对有未成年子女的夫妻双方提供家庭教育指导。

第三十五条 妇女联合会发挥妇女在弘扬中华民族家庭美德、树立良好家风等方面的独特作用，宣传普及家庭教育知识，通过家庭教育指导机构、社区家长学校、文明家庭建设等多种渠道组织开展家庭教育实践活动，提供家庭教育指导服务。

第三十六条 自然人、法人和非法人组织可以依法设立非营利性家庭教育服务机构。

县级以上地方人民政府及有关部门可以采取政府补贴、奖励激励、购买服务等扶持措施，培育家庭教育服务机构。

教育、民政、卫生健康、市场监督管理等有关部门应当在各自职责范围内，依法对家庭教育服务机构及从业人员进行指导和监督。

第三十七条 国家机关、企业事业单位、群团组织、社会组织应当将家风建设纳入单位文化建设，支持职工参加相关的家庭教育服务活动。

文明城市、文明村镇、文明单位、文明社区、文明校园和文明家庭等创建活动，应当将家庭教育情况作为重要内容。

第四章 社会协同

第三十八条 居民委员会、村民委员会可以依托城乡社区公共服务设施，设立社区家长学校等家庭教育指导服务站点，配合家庭教育指导机构组织面向居民、村民的家庭教育知识宣传，为未成年人的父母或者其他监护人提供家庭教育指导服务。

第三十九条 中小学校、幼儿园应当将家庭教育指导服务纳入工作计划，作为教师业务培训的内容。

第四十条　中小学校、幼儿园可以采取建立家长学校等方式，针对不同年龄段未成年人的特点，定期组织公益性家庭教育指导服务和实践活动，并及时联系、督促未成年人的父母或者其他监护人参加。

第四十一条　中小学校、幼儿园应当根据家长的需求，邀请有关人员传授家庭教育理念、知识和方法，组织开展家庭教育指导服务和实践活动，促进家庭与学校共同教育。

第四十二条　具备条件的中小学校、幼儿园应当在教育行政部门的指导下，为家庭教育指导服务站点开展公益性家庭教育指导服务活动提供支持。

第四十三条　中小学校发现未成年学生严重违反校规校纪的，应当及时制止、管教，告知其父母或者其他监护人，并为其父母或者其他监护人提供有针对性的家庭教育指导服务；发现未成年学生有不良行为或者严重不良行为的，按照有关法律规定处理。

第四十四条　婴幼儿照护服务机构、早期教育服务机构应当为未成年人的父母或者其他监护人提供科学养育指导等家庭教育指导服务。

第四十五条　医疗保健机构在开展婚前保健、孕产期保健、儿童保健、预防接种等服务时，应当对有关成年人、未成年人的父母或者其他监护人开展科学养育知识和婴幼儿早期发展的宣传和指导。

第四十六条　图书馆、博物馆、文化馆、纪念馆、美术馆、科技馆、体育场馆、青少年宫、儿童活动中心等公共文化服务机构和爱国主义教育基地每年应当定期开展公益性家庭教育宣传、家庭教育指导服务和实践活动，开发家庭教育类公共文化服务产品。

广播、电视、报刊、互联网等新闻媒体应当宣传正确的家庭教育知识，传播科学的家庭教育理念和方法，营造重视家庭教育的良好社会氛围。

第四十七条　家庭教育服务机构应当加强自律管理，制定家庭教育服务规范，组织从业人员培训，提高从业人员的业务素质和能力。

第五章　法律责任

第四十八条　未成年人住所地的居民委员会、村民委员会、妇女联合会，未成年人的父母或者其他监护人所在单位，以及中小学校、幼儿园等有关密切接触未成年人的单位，发现父母或者其他监护人拒绝、怠于履行家庭教育责任，或者非法阻碍其他监护人实施家庭教育的，应当予以批评教育、劝诫制止，必要时督促其接受家庭教育指导。

未成年人的父母或者其他监护人依法委托他人代为照护未成年人，有关单位发现被委托人不依法履行家庭教育责任的，适用前款规定。

第四十九条　公安机关、人民检察院、人民法院在办理案件过程中，发现未成年人存在严重不良行为或者实施犯罪行为，或者未成年人的父母或者其他监护人不正确实施家庭教育侵害未成年人合法权益的，根据情况对父母或者其他监护人予以训诫，并可以责令其接受家庭教育指导。

第五十条　负有家庭教育工作职责的政府部门、机构有下列情形之一的，由其上级机关或者主管单位责令限期改正；情节严重的，对直接负责的主管人员和其他直接责任人员依法予以处分：

（一）不履行家庭教育工作职责；

（二）截留、挤占、挪用或者虚报、冒领家庭教育工作经费；

（三）其他滥用职权、玩忽职守或者徇私舞弊的情形。

第五十一条　家庭教育指导机构、中小学校、幼儿园、婴幼儿照护服务机构、早期教育服务机构违反本法规定，不履行或者不正确履行家庭教育指导服务职责的，由主管部门责令限期改正；情节严重的，对直接负责的主管人员和其他直接责任人员依法予以处分。

第五十二条　家庭教育服务机构有下列情形之一的，由主管部门责令限期改正；拒不改正或者情节严重的，由主管部门责令停业整顿、吊销营业执照或者撤销登记：

（一）未依法办理设立手续；

(二) 从事超出许可业务范围的行为或作虚假、引人误解宣传，产生不良后果；

(三) 侵犯未成年人及其父母或者其他监护人合法权益。

第五十三条 未成年人的父母或者其他监护人在家庭教育过程中对未成年人实施家庭暴力的，依照《中华人民共和国未成年人保护法》、《中华人民共和国反家庭暴力法》等法律的规定追究法律责任。

第五十四条 违反本法规定，构成违反治安管理行为的，由公安机关依法予以治安管理处罚；构成犯罪的，依法追究刑事责任。

第六章 附 则

第五十五条 本法自 2022 年 1 月 1 日起施行。

【理论研究】

论监护侵害未成年人与监护人资格撤销的刑民程序合一
——以附带民事诉讼的适用为切入点

何 挺[*]

一、问题的提出

法律设置未成年人监护制度的目的在于保护未成年人的合法权益。当监护人严重侵害未成年被监护人时，为了保护未成年人，需要及时地撤销监护人的监护资格并确定新的适格监护人，这是监护制度的应有之义。虽然1986年我国《民法通则》和1992年我国《未成年人保护法》就有关于撤销监护人资格的规定，但是囿于社会观念的影响、条文设计过于简单以及缺乏相应的申请主体，撤销监护人资格的规定在某种程度上沦为"僵尸条款"，未成年人监护人资格撤销案件鲜有发生。

近年来，一些监护人严重侵害未成年人的案件引起社会的广泛关注。2014年，最高人民法院、最高人民检察院、公安部和民政部联合颁布了《关于依法处理监护人侵害未成年人权益行为若干问题的意见》（以下简称《监护侵害意见》），对于撤销监护人资格作了具体规定，激活了前述法律中有关"监护人资格撤销"的条款。2017年的我国《民法总则》吸

---

[*] 北京师范大学刑事法律科学研究院教授、博士研究生导师。

收了《监护侵害意见》的探索经验，对未成年人监护权撤销制度进行细化与完善。在各地民政机关和司法机关的积极作为下，因侵害未成年人而被撤销监护人资格的案件数量明显增多。这些案件中，可能构成犯罪的性侵害、遗弃以及暴力伤害等属于多发的监护侵害行为类型。如果这些严重侵犯未成年人人身权利的行为同时涉嫌犯罪，那么在处理这类监护侵害案件时，就会涉及监护侵害犯罪之刑事诉讼与监护人资格撤销之民事诉讼两种诉讼程序。当前实践中，通常是法院在对刑事案件作出裁判后，再由相关申请主体提起民事性质的监护人资格撤销之诉，然后，基于之前刑事案件的裁判所认定的侵害事实最终作出撤销监护人资格的民事判决。下述上海市嘉定区发生的一起相关案例呈现了司法实践中此类案件的典型状况。

未成年被害人蒋某多次遭受其亲生父亲蒋某某性侵害。2018年5月，上海市嘉定区人民法院以猥亵儿童罪判处蒋某某有期徒刑一年九个月。上海市嘉定区人民检察院在审查该案时发现，蒋某被性侵后身心遭受巨大伤害，同时担心父亲蒋某某一旦刑满释放，可能再次与其共同生活。检察机关依法告知蒋某的母亲张某某可以向法院提起撤销蒋某某监护人资格的民事诉讼。张某某考虑家庭经济情况和二女儿需要抚养的生活困境，未主动申请撤销。经检察机关多次释法说理和劝说，张某某最终同意申请，但表示自己没有时间和精力参与诉讼。检察机关继而帮助其委托法律援助律师，支持提起申请撤销蒋某某监护人资格的诉讼。2018年6月20日，上海市嘉定区人民法院当庭判决撤销蒋某某对被害人的监护资格。

结合该案可以发现，两种性质的诉讼程序前后分别进行的处理方式存在以下问题：首先，由于两种程序之间存在时间间隔，有的案件间隔时间较长，一些案件中实施侵害行为的监护人已经被定罪甚至入狱服刑，但法律上仍然是未成年被害人的监护人，进而导致监护缺位甚至可能影响未成年人的户籍、就学等与未成年人未来健康成长密切相关事项的顺利进行。其次，其他监护人或者有资格提出申请的人缺乏主动性以及相应的诉讼能力而导致监护人资格撤销程序启动较为困难。最后，此类案件涉及的民事、刑事两种诉讼程序接替进行，存在由于衔接不充分、审判主体不同而导致的时间拖延、司法资源浪费甚至裁判不统一等问题，甚至可能因为管辖不同导致刑事案件处理完毕后撤销监护权的民事诉讼无法及时推进。

事实上，民事诉讼中法院最终判决撤销监护人资格的基础正是因为该监护人对未成年人实施了构成犯罪的监护侵害行为。换言之，认定监护侵害行为构成犯罪的刑事诉讼与撤销监护人资格的民事诉讼具有相同的事实基础。在我国司法程序体系中，刑事附带民事诉讼程序正是被设计用于处理同一行为既涉嫌犯罪又涉及民事责任承担的案件，目的在于将基于同一事实的刑事和民事责任合于一个程序之中进行一次性解决。那么，抛开现行法上我国刑事附带民事诉讼适用范围较为狭窄的限定，刑事附带民事诉讼在理论上能否适用于同时解决监护侵害案件的刑事责任认定和监护人资格撤销呢？运用刑事附带民事诉讼刑民合一地处理此类案件是否符合 2020 年修订的我国《未成年人保护法》所确立的国家责任理念并具有未成年人保护方面的特殊价值？回答上述问题的核心在于，刑事附带民事诉讼在确定监护人刑事责任的同时是否能够及适宜一并解决监护人资格撤销的问题。笔者拟于本文中从撤销监护人资格案件适用附带民事诉讼的理论证成、实践基础和相关制度如何进行调整三个方面进行探讨。

二、撤销监护人资格适用附带民事诉讼的理论证成

（一）撤销监护人资格符合附带民事诉讼的本质特征

根据我国《刑事诉讼法》的规定，刑事附带民事诉讼是指公安司法机关在刑事诉讼过程中，在解决被告人刑事责任的同时，附带解决被告人的犯罪行为所造成物质损失的赔偿问题而进行的诉讼活动。与我国采用较为狭窄的界定而将附带民事诉讼的适用范围限定为因犯罪行为而导

致的物质损失不同，附带民事诉讼其实还有相对更为广义的界定，一些欧洲大陆法系国家刑事诉讼法规定的"附带民事诉讼"，其外延就宽泛得多。例如，《法国刑事诉讼法典》第3条规定："民事诉讼得与公诉同时并且在同一法院进行。对因受到追诉的犯罪事实引起的物质的、身体的、精神的各种损害提起民事诉讼，均得受理。"奥地利的附带民事诉讼范围还包括了法律关系是否有效，《奥地利刑事诉讼法典》第371条规定："如果从被告人的罪责中得出一项与其进行的法律行为或法律关系全部或部分无效，则也应当在刑事判决中对此以及源于该无效的法律后果进行判决。"无论范围狭窄还是宽泛，究其本质而言，附带民事诉讼是在刑事诉讼中附带解决与被告人刑事责任相关的民事责任问题的诉讼制度。

附带民事诉讼作为我国刑事诉讼中的一项基本制度，其设立的目的在于保障国家、集体以及被害人的合法权益，同时降低诉讼成本，实现诉讼效益价值。此外，附带民事诉讼制度还旨在保证法院对刑民相关联的案件作出具有一致性的刑事和民事裁判，以维护司法权威。我国附带民事诉讼制度确立以来，在其适用范围问题上，法律的规定始终保持一致，即限于被害人因犯罪行为而遭受的物质损失。《最高人民法院关于适用〈中华人民共和国刑事诉讼法〉的解释》第一百七十五条至第一百七十七条则进一步将附带民事诉讼的适用范围限缩至"被害人因人身权利受到犯罪侵犯或者财物被犯罪分子毁坏而遭受的物质损失"，并明确排除了对被告人非法占有、处置被害人财产以及对国家机关工作人员在行使职权过程中侵犯他人人身、财产权利构成犯罪时提起附带民事诉讼的情形。对此，不少研究者主张，应当适度扩大附带民事诉讼程序的适用范围。

结合前述域外关于附带民事诉讼制度的法律规定以及附带民事诉讼的本质特征，可以认为，理论上来说刑事附带民事诉讼适用于同时具有下列两方面情形的案件：一方面，就实体法而言，此类案件的刑事责任与民事责任须由被告人的相同行为引起，相同事实在触犯了刑事法律的同时也涉及民事法律关系，而刑法和民法都对这一事实有相应的规定并要求同时适用于该事实；另一方面，就程序法而言，此类案件中刑事责任的认定有利于民事争议的解决，即通过附带民事诉讼，有利于同时解决两种不同性质的争议。可以是一个争议的解决有利于另一个争议的解决，或者是前一争议的解决当然地解决了后一争议。这样在程序上既减轻了当事人的诉累，又可以避免作出相互抵触的裁判。

在监护人侵害未成年被监护人的案件中，其侵害行为既触犯了刑法，也因该行为而需要承担相应的民事法律责任。根据我国《民法典》第三十四条的规定，监护人不履行监护职责或者侵害被监护人合法权益的，应当承担法律责任。我国《民法典》第三十六条则进一步指出，在监护人实施严重损害被监护人身心健康的行为时，可以撤销其监护人资格。可见，监护侵害刑事案件属于典型的相同事实同时触犯刑民法律的情形，符合适用附带民事诉讼程序在实体法层面的要求。同时，如果监护人的侵害行为被法院认定构成犯罪，必然成为撤销其监护人资格的最为重要的基础，刑事责任的认定当然地或者很大程度上解决了民事争议，使民事争议的解决水到渠成，也就符合了适用附带民事诉讼的程序法要求。

（二）附带民事诉讼与监护人资格撤销程序的非讼程序特征相契合

《监护侵害意见》第三十二条规定，人民法院审理撤销监护人资格案件，比照《民事诉讼法》规定的特别程序进行。特别程序是指《民事诉讼法》所规定的由人民法院审理某些非民事权益争议案件所适用的特殊程序。理论上通常把《民事诉讼法》第十五章规定的特别程序（选民资格案件除外）视为非讼程序。所谓非讼程序是法院用以解决非讼案件的民事审判程序。非讼案件是指利害关系人或起诉人在没有民事权益争议的情况下，请求法院确认某种事实或权利是否存在，从而引起一定的民事法律关系发生、变更或消灭的案件。按照实体法依据的不同，可以将非讼案件分为民事非讼案件、家事非讼案件和商事非讼案件，监护人资格撤销案件属于家事非讼案件。在监护人资格撤销案件中，申请人就监护权本身并无争议,而是请求法院确认,因法定事由的发生导致原有监护关系被消灭的事实。监护人资格撤销案件的非讼特征决定了处理此类案件更应当遵循非讼程序的职权主义,而不是一般民事诉讼中的当事人处分主义。

非讼程序中的职权主义包含职权运行主义和职权探知主义。前者是指程序进行、终结及审理,均由法院依职权决定;后者指法院对于当事人未提出的证据材料也可以斟酌,自认或不争执不能拘束法院,并且法院应依职权调查证据。非讼程序采职权主义的目的是便于法院积极主动地全面发现案件事实。非讼程序所遵循的职权主义,具体到监护人资格撤销案件中,本质是要求法院在监护人资格撤销程序中发挥更为积极的作用,以更好地查明撤销或者不撤销监护人资格的事实基础。

我国现行法上的刑事附带民事诉讼制度建立在"刑事优先于民事"的基础上,是一种"先刑后民"的程序模式。在这种模式下,民事案件的审理是由同一审判组织在对相关联的刑事案件查明的基础上来进行的。不同于民事诉讼所实行的当事人处分主义,刑事诉讼遵循职权主义的基本设定,法院在刑事诉讼中需要对全案证据进行调查核实甚至还可以自行调查取证。运用刑事附带民事诉讼制度处理因监护侵害犯罪行为而引起的监护人资格撤销案件,可使法院在全面查清刑事案件的同时更积极主动地查明其他有关是否撤销监护资格的事实,并在此基础上及时作出是否撤销监护侵害行为人监护资格的裁判,这无疑与监护人资格撤销程序作为非讼程序所秉承的职权主义特征相契合。

(三) 附带民事诉讼撤销监护人资格是对国家亲权和国家责任的实践

根据《元照英美法词典》的解释,国家亲权这一术语发源于英格兰,是指君主对于无行为能力需要保护的未成年人与精神病人行使监护人的职能。国家亲权理念是由基于血缘关系产生的父母亲权理念衍生而来,作为法律上的拟制亲权,第二次世界大战后随着西方福利国家思想的流行，逐步地发展到超越父母亲权的时期。通常认为，国家亲权具有以下三个基本内涵：首先，认为国家居于未成年人最终监护人的地位，负有保护未成年人的职责，并应当积极行使这一职责；其次，强调国家亲权高于父母亲权，即便未成年人的父母健在，但是如果其缺乏保护子女的能力以及不履行或者不适当履行监护其子女职责的时候，国家可以超越父母的亲权而对未成年人进行强制性干预和保护；最后，国家在充任未成年人"父母"时，应当以孩子的福利为本位。国家亲权赋予了国家在特定情形下基于儿童最大利益的考虑介入儿童监护事务的正当权力。目前，国家公权力在一定条件下介入家庭监护已经成为联合国及各国儿童监护制度的发展趋势。联合国《儿童权利公约》即明确规定了缔约国在确保儿童权利得以实现方面所要承担的责任，包括必要时所要进行的干预措施。

我国《民法典》确立了"以家庭监护为基础，社会监护为补充，国家监护为兜底"的未成年人监护制度体系，其中规定的国家监护制度正是对国家亲权理念的借鉴与采纳。《未成年人保护法》则在国家亲权理念的基础上进一步发展为更符合我国国情的"国家责任"理念，其第三条第一款明确规定："国家保障未成年人的生存权、发展权、受保护权、参与权等权利。"国家责任理念需要通过国家监护的制度设计予以实现。国家监护既是对家庭监护功能缺位的一种替代和补充责任，也是为未成年人合法权益提供保护的最终责任，是高于家庭监护的一种制度保障。在国家责任理念指导下，《未成年人保护法》在明确家庭监护首要责任的同时，进一步强化了国家责任，明确了国家对家庭监护进行指导、支持、帮助和监督的责任，充实了国家监护干预和替代家庭监护的具体规定。例如，其第六章"政府保护"要求各级政府应当支持家庭教育指导公共服务的发展，明确由民政部门对未成年人进行临时监护与长期监护的法定情形和生活安置措施；其第七章"司法保护"中，除了再次规定撤销监护人资格制度外，还明确了检察机关作为司法机关，在未成年人合法权益受到侵犯而相关组织和个人未代为提起诉讼时，检察机关可以督促、支持有关组织和人员代为起诉，并在涉及公共利益时提起公益诉讼。

立法上对国家责任和国家监护制度的强化需要相应司法制度的积极回应。在监护人未履行对未成年人监护职责的情形下，国家借助相应的司法制度及时有效地进行监护干预是国家责任理念的应有之义。因此，当监护人对被监护的未成年人实施侵害行为并构成犯罪时，国家应当以一种更加及时有效、更为积极主动同时也更为符合最有利于未成年人原则的方式介入原有的监护关系。刑事附带民事诉讼制度，强调对与犯罪行为相关的民事纠纷的一并及时解决，运用附带民事诉讼制度处理因监护侵害犯罪行为而引起的未成年人监护资格撤销案件，事实上提供了在符合相应条件时国家积极主动干预未成年人监护事务更为有效的方式。与当前撤销监护人资格程序相比，附带民事诉讼刑民合一的处理方式更有助于实现国家责任理念，具有以下优势。首先，附带民事诉讼程序使得在认定监护人构成犯罪的刑事诉讼中一并撤销其监护资格成为可能，从而防止出现监护"名存实亡"的缺位情况，进而避免因监护"名存实亡"可能威胁未成年人生存与发展的情况，体现了国家责任之下监护干预的及时性。其次，刑事附带民事诉讼制度可以有效加强监护侵害案件中的刑事诉讼与民事诉讼之间的衔接，以职权探知的方式明确未成年人的监护状况并识别出最有利于未成年人的监护安排，体现了最有利于未成年人原则与国家责任理念的整合。再次，附带民事诉讼程序可以提供综合司法保护，在国家责任理念下聚合更多专业化和社会化的司法保护资源，在保证办案质量的同时提高效率，避免未成年被害人长时间处于监护待定状态，帮助其尽快从被害中恢复过来。最后，附带民事诉讼一定程度上简化了监护人资格撤销案件的处理程序，避免未成年被害人信息被更多人员知悉，有利于在强化国家监护职责的同时降低未成年被害人隐私泄露的风险，有助于其今后长远的健康成长。

三、撤销监护人资格适用附带民事诉讼的实践基础

从现有的法律规定和司法实践情况来看，通过刑事附带民事诉讼程

序合一地处理监护侵害刑事案件和监护人资格撤销民事案件，因有多方面的实践基础而具有现实可行性。

（一）附带民事诉讼可以维护国家和公共利益

我国《刑事诉讼法》第一百零一条第二款规定，如果国家财产、集体财产遭受损失，受损失的单位未提起附带民事诉讼，人民检察院在提起公诉的时候，可以提起附带民事诉讼。在目前开展的公益诉讼中，对于破坏生态环境和资源保护，食品药品安全领域侵害众多消费者合法权益，侵害英雄烈士的姓名、肖像、名誉、荣誉等损害社会公共利益的行为，人民检察院也可以提起刑事附带民事公益诉讼。可见，附带民事诉讼的适用本就不局限于个人利益受损的情形，而同样可以成为维护国家和公共利益的程序平台。未成年人是国家的未来，从某种意义上来说，未成年人的生存发展权具有公共利益的属性。根据国家亲权理念，国家作为每个未成年人的最终监护人，对未成年人合法权益的保护负有兜底责任。未成年人监护的公法化与社会化决定了未成年人个体利益的公益化。《未成年人保护法》第一百零六条规定，未成年人合法权益受到侵犯，相关组织和个人未代为提起诉讼的，人民检察院可以督促、支持其提起诉讼。这一规定本身就确认了未成年人利益具有一定的公共利益属性，所以才需要由代表国家公权力的检察机关督促和支持起诉。监护人对未成年被监护人实施犯罪行为，严重侵犯未成年人的生存发展权益，使得长远角度的国家和公共利益受损，而撤销犯罪者的监护人资格则有利于保障未成年人今后的健康成长。因此，在监护侵害刑事案件中适用附带民事诉讼解决监护人资格撤销的问题，符合现行法有关附带民事诉讼可以用于维护国家和公共利益的性质设定，具有一定的规范基础。

进一步而言，法律之所以规定了检察机关在国家和公共利益受损而无人起诉时提起附带民事诉讼的权力，正是为了避免出现国家和公共利益遭受犯罪行为侵害时无直接相关人员主张权利的局面。检察机关作为国家的法律监督机关，通过提起附带民事诉讼，在其中扮演了"替补"

和"最后防线"的角色。如前所述,在监护侵害刑事案件中监护人资格撤销程序存在启动难的问题:一方面,有权直接申请撤销监护人资格的个人和组织,往往缺乏申请的主动性和能力;另一方面,检察机关自身没有提起撤销监护人资格之诉的权力,只能以告知、建议或者劝说等方式督促并支持有关个人或组织提起撤销监护人资格诉讼。这种情况可能事实上形成未成年人利益无法及时得到国家积极介入并维护的局面。《未成年人保护法》赋予了检察机关在未成年人保护领域特殊、重要的责任和地位,可以行使检察权对涉及未成年人的诉讼活动以及其他事项本着最有利于未成年人的原则依法进行监督,在监护侵害案件中如何代表国家和以何种方式更好地履行国家责任则需要进行深入的思考。因此,不论从运用附带民事诉讼维护国家和公共利益的角度出发,还是从落实《未成年人保护法》所确立的国家责任角度出发,都需要考虑在监护侵害案件中,检察机关能否在无人提起撤销监护人资格诉讼时直接提起。

(二) 检察机关在综合司法保护方面具有专业化优势

当前我国检察机关在推进未成年人检察工作专业化建设方面取得了长足进展,全国各级检察机关很多都设置了独立的未成年人检察部门(以下简称未检部门)。2017年年底,最高人民检察院印发《关于开展未成年人刑事执行检察、民事行政检察业务统一集中办理试点工作的通知》,决定自2018年1月起在13个省份部署开展未成年人检察业务由未检部门统一集中办理试点工作,推动各地检察机关综合运用刑事、民事、行政、公益诉讼检察职能,强化对未成年人的综合司法保护。其中,有关未成年人监护的事项是综合司法保护重点关注的问题。2018年至2019年,试点检察机关共对监护侵害、监护缺失行为支持起诉358件,判决采纳支持起诉意见295件,发出检察建议250件。2020年,检察机关支持起诉、建议撤销监护案件513件,是2019年的6.3倍。自2021年起,涉未成年人刑事、民事、行政、公益诉讼由未检部门统一集中办理的做法在全国推开。在《未成年人保护法》实施的背景下,检察机关对未成年人进行全面综合司法保护已成为今后的发展方向和优势所在。

可见，检察机关基于其专设部门和专业化的优势，在目前监护侵害犯罪和监护人资格撤销案件分别办理的情况下，综合运用提起公诉、支持起诉和发出检察建议等法律赋予的权力，已就如何保障未成年人有效监护进行充分的探索。这些专业化优势为适用附带民事诉讼程序处理监护侵害案件中的监护人资格撤销，以及由检察机关直接作为监护人资格撤销的申请主体提供了坚实的基础。实践中，浙江省宁波市鄞州区探索建立的监护侵害未成年人"刑民一体化"办案机制即取得了良好效果。

（三）法院具有一并审理监护侵害刑事案件与民事案件的基础

1984 年上海市长宁区人民法院建立了我国第一个专门审理未成年人刑事案件的合议庭以来，少年法庭从无到有，审判职能不断扩大，逐步从少年刑事审判朝着涉未成年人案件综合审判的方向发展。从 2016 年 6 月起，最高人民法院开展为期两年的少年家事审判改革试点工作，多个省份广泛建立起少年家事审判庭。无论是综合审判庭模式还是少年家事审判庭模式，人民法院在涉未成年人案件民事和刑事综合审判方面都有丰富的经验。对于监护侵害未成年人的刑事案件以及相应撤销监护人资格的民事案件，这些从事少年审判的法官也具有一并审理的资质与能力。最高人民法院 2020 年 12 月发布《关于加强新时代未成年人审判工作的意见》，明确要求深化涉及未成年人案件综合审判改革，将与未成年人权益保护和犯罪预防关系密切的涉及未成年人的刑事、民事及行政诉讼案件纳入少年法庭受案范围，少年法庭包括专门审理涉及未成年人刑事、民事、行政案件的审判庭、合议庭、审判团队以及法官。未成年人审判综合化和专业化已经被确定为今后少年法庭的整体发展方向，未来各级法院在综合审理涉及未成年人的刑事与民事案件方面的能力将进一步提高。

根据我国《刑事诉讼法》的规定，刑事附带民事诉讼应由同一审判组织审理刑事和民事部分，而刑事案件一般都由刑事法官独任审理或组成合议庭审理。有学者认为,在刑事附带民事诉讼案件中,刑事法官由于专业分工上的限制,往往难以把握民事案件的证据和程序要求。然而,在当前法院系统不断推进涉及未成年人案件综合审判改革的背景下,随着未成年人审判工作专业化、队伍职业化建设的不断发展,在监护侵害案件中,通过附带民事诉讼程序由同一审判组织一并审理刑事和附带民事部分,在承办法官的专业素养方面将不再有任何现实障碍。

四、监护侵害案件刑民程序合一的制度调整

对于通过附带民事诉讼实现监护侵害案件中的犯罪认定与监护人资格撤销刑民程序合一,笔者于本文中已进行了理论契合性和现实可行性两方面的分析。毫无疑问,这种刑民程序的合一能否实现,首先取决于我国刑事附带民事诉讼适用范围的拓展,依赖于我国《刑事诉讼法》的相应修改和有关司法解释的调整。除此以外,监护侵害案件由于涉及未成年人监护这一未成年人保护的基本问题,司法制度的相应处理必须将如何给予未成年人更为稳定和有效的监护置于首位,撤销监护人资格只是过程而非结果。另外,适用附带民事诉讼一并处理还必须协调好刑事诉讼和监护人资格撤销案件的非讼程序性质,这些都需要相应的制度设计与调整。

(一) 适用附带民事诉讼撤销监护人资格程序的基本设想

首先,需要解决哪些主体有权在附带民事诉讼中申请撤销监护人资格以及如何申请。适用附带民事诉讼撤销监护人资格,原则上应按照民事法律的规定,由有权申请撤销的个人和组织在监护侵害刑事案件立案后提起,检察机关作为刑事案件的公诉机关可以并首先应当通过支持起诉的方式参与撤销监护人资格的附带民事诉讼。当有权申请的个人和组织怠于或者无能力而未提起监护人资格撤销之诉时,应当赋予检察机关直接作为申请人提起撤销监护人资格附带民事诉讼的权力,并与认定监护侵害行为是否构成犯罪的刑事诉讼同步进行。这样既遵循了我国《民

法典》对监护人资格撤销程序申请主体的设置思路，也与刑事附带民事诉讼制度安排相适应，更与检察机关在当前刑事附带民事诉讼制度中扮演"最后防线"角色和在未成年人保护国家责任体系中的地位相符。并且，监护人资格的撤销是为了及时对未成年被害人确立新的有效监护，以其他个人和组织提起为原则、检察机关直接提起为兜底的制度安排，有利于充分调动相关社会资源，形成保护未成年被害人的合力。因此，只有未成年人遭受监护侵害犯罪而无相关人员或组织申请撤销监护人资格且确有必要撤销监护人资格的情况下，检察机关才能直接提起附带民事诉讼。

其次，附带民事诉讼判决不仅需要撤销被告人的监护人资格，而且必须为未成年人确定新的监护人。监护人资格被撤销后原有监护关系终止，依据我国《民法典》第三十九条的规定，如果未成年被害人没有其他监护人，仍然需要另行确定监护人。实践中，法院通常确定由申请撤销的主体担任监护人。通过附带民事诉讼撤销监护人资格后，同样需要在未成年人没有其他监护人的情况下一并确定新的监护人。如果法院在对未成年被害人监护状况进行调查后，认为撤销监护人资格后会出现监护缺失的状况，那么就需要在刑事附带民事判决中为未成年人确定新的监护人。在确定新的监护人之前，法院应当听取未成年人的意见，作出最有利于未成年人的裁判。在检察机关直接申请撤销监护人资格的情况下，鉴于检察机关本身不能也不宜担任监护人，如果撤销监护人资格后无其他有效监护人，此时检察机关在申请时应当一并提出可以被确定为新监护人的人选，并由法院在审查是否适宜的基础上确定为新的监护人。

最后，附带民事诉讼撤销监护人资格判决不同于刑事部分的两审终审制，而是一审终审，一经作出即时生效。对于法院判决有罪同时撤销监护人资格的刑事附带民事判决，被告人只能对刑事部分提起上诉，对于附带民事部分撤销监护人资格的判决不得上诉。一方面，撤销监护人资格程序本质上是民事诉讼程序，应当适用我国《民事诉讼法》有关特别程序一审终审的规定。《监护侵害意见》第三十二条规定，人民法院审理监护人资格撤销案件比照《民事诉讼法》规定的特别程序进行。监护人资格撤销诉讼本质上作为民事非讼程序，不涉及民事权益的争议，法院基于职权主义可以及时查明案件事实，在其程序上更追求效率。《最高人民法院关于适用〈中华人民共和国刑事诉讼法〉的解释》第二百零一条也规定，人民法院审理附带民事诉讼案件，除刑法、刑事诉讼法以及刑事司法解释已有规定的以外，适用民事法律的有关规定。另一方面，监护人资格撤销诉讼实行一审终审，有利于未成年被害人尽快脱离困境，避免案件多次审理造成伤害和尽快稳定新的监护关系。这事实上也符合本文主张适用附带民事诉讼程序处理监护人资格撤销案件的出发点，即通过一个程序，一次性完成监护侵害刑事案件中的犯罪认定与监护人资格撤销和重新确立。

（二）完善撤销监护人资格的前置程序

撤销监护人资格作为最严厉的监护干预措施，应当成为国家干预父母子女关系的最后手段。父母子女关系属于人权和基本权利的范畴，父母子女关系的人权和基本权利内涵指向了父母在抚养保育未成年子女方面的自主性和空间。从权利的视角来看，国家对未成年人父母进行的监护干预，是对父母天然基本权利的限制。现代法治要求限制公权力的滥用，以保障私权利自由，比例原则的诞生就是为了解决国家权力对个人权利干涉的限度问题。国家对未成年人父母的监护干预措施同样应当符合比例原则，具体包括三方面的要求：首先，国家对父母监护权的干预必须符合《未成年人保护法》所确立的最有利于未成年人的原则，即需要以促进未成年人健康成长为目的；其次，国家所采取的监护干预措施是必要的，在存在多种干预措施的情况下，应当优先选择对父母子女关系影响最小的措施；最后，国家进行的监护干预措施对未成年人权益的增进与对父母子女关系的损害成比例。

根据我国《民法典》第三十八条的规定，如果未成年人的父母是因对未成年人实施了故意犯罪而被撤销监护人资格，那么父母的监护人资格一经法院撤销就无法申请恢复。这也意味着，在监护侵害刑事案件中，撤销监护人资格是一种在法律上不可恢复的最严厉干预措施。那么，对于实施了监护侵害行为的监护人是否一律需要撤销其监护人资格就需要综合多方面的因素予以考量，而非只要实施监护侵害行为构成犯罪就一律撤销监护资格。实践中也存在一些监护侵害构成犯罪但未撤销监护人资格并最终实现有效监护和亲情回归的案件。因此，基于对慎重撤销监护人资格的考虑，在启动附带民事诉讼之前需要有相应的前置程序，其中最为重要的就是对是否撤销监护人资格的评估。检察机关在对监护侵害涉罪行为提起公诉前，宏观上应当基于前述比例原则的三方面内容，审查撤销监护人资格的合目的性、必要性和合比例性。具体到案件微观层面，则应当综合考虑监护侵害涉罪行为的轻重与主观恶性、监护侵害行为人是否真诚悔改、未成年被害人意愿、监护侵害行为人对未成年被害人的亲情回归可能性以及是否有更为适宜的新的监护人等情况，对撤销监护人资格的必要性进行评估，以决定是否需要适用这一最为严厉的干预措施。

对于经过评估认为确有必要撤销监护人资格的，应当由承办检察官及时告知有关个人和组织可以通过提起附带民事诉讼的方式向法院申请一并撤销监护人资格，有关个人和组织未申请的，检察机关也可以直接提起附带民事诉讼撤销监护人资格。对于经过评估认为尚无必要撤销监护人资格的，则可以运用监督、支持等手段来强化监护，也可以运用《未成年人保护法》规定的责令接受家庭教育指导等措施。需要说明的是，对于经过评估认为尚无必要而未在提起公诉时一并提起撤销监护人资格诉讼的，也并不排斥在刑事诉讼终结后另行提起撤销监护人资格的民事诉讼。

除此之外，在撤销监护人资格的前置程序中，还可以运用我国《民法典》第三十一条第三款和《未成年人保护法》第九十二条规定的临时监护制度，以避免在监护侵害案件办理过程中出现监护缺位的问题。具体而言，根据《未成年人保护法》第九十三条的规定，可以由民政部门担任临时监护人,采取委托亲属抚养、家庭寄养等方式进行安置,也可以交由未成年人救助保护机构或者儿童福利机构进行收留、抚养。

(三)细化撤销监护人资格后的配套措施

当适用附带民事诉讼撤销监护人资格将导致未成年被害人面临无人监护的困境时,法院应当在刑事附带民事判决中明确为未成年被害人重新确定监护人。根据《监护侵害意见》第三十六条规定,对于指定新的监护人,可根据案件的具体情况分以下三个步骤来处理:(1)未成年人有其他监护人的,应当由其他监护人承担监护职责;(2)没有其他监护人的,人民法院根据最有利于未成年人的原则,在一定范围内指定监护人;(3)没有合适人员和其他单位担任监护人的,应当指定民政部门担任监护人,由其所属的儿童福利机构收留抚养。研究表明,司法实践中监护人资格被撤销后,所指定的新监护人多为未成年被害人的其他近亲属或者民政部门及其下属的救助站和福利院,二者所占比例不相上下。这两类主体在担任未成年被害人的新监护人方面往往存在监护能力不足、家庭环境缺失等问题。因此,需要进一步细化相关措施,保证监护人资格被撤销后未成年被害人可以得到稳定有效的监护。

监护侵害刑事案件往往发生于经济状况较差的单亲、离异重组、收养类家庭,未成年被害人所能获得的来自家庭内部的监护支持力量通常比较薄弱。例如,在性侵类监护侵害刑事案件中,被害人的母亲作为另一监护人知情不举的现象比较普遍。在撤销监护人资格后,必须采取相应的措施提高其他监护人或者新确定的监护人的监护意识和监护能力,《未成年人保护法》也对如何支持、指导、帮助和监督监护人履行监护职责作出了细化的规定。具体来说,可以加强对新监护人的法治宣传教育,使其从思想观念上改变儿童是家庭私有财产的错误认识,明确作为监护人对未成年人所应担负的职责;民政部门和村、居委会可以结合基层儿童主任的工作职责,有针对性地提高新监护人的监护能力。例如,可通过日常访视未成年人,详细了解新监护人在履行监护职责时的困难,在此基础上为未成年被害人及其新监护人提供与监护支持有关的转介服务和资源链接，切实增强监护能力。

不同于指定未成年人的其他亲属作为未成年被害人的新监护人，民政部门及其他组织作为监护人无法直接为未成年人提供家庭成长环境，长期的机构监护一定程度上会对未成年人健康成长造成不利影响。因此，当民政部门和其他组织被指定为新监护人时，可参考实践中有的地方民政部门采用的家庭寄养的方法，由作为新监护人的民政部门与某些适格家庭签订寄养合同，将未成年被害人寄养在普通家庭中。我国近年来已经制定了《家庭寄养管理办法》和《家庭寄养评估标准》等有关家庭寄养的实施办法。这些规定为统一寄养家庭评估标准、细化规范寄养流程、明确寄养家庭责任奠定了基础。在完善相应法规的同时，民政部门也应采取一定措施鼓励、支持符合条件的家庭参与家庭寄养工作。或者，根据《未成年人保护法》第九十五条的规定，由民政部门进行收养评估后，依法将其长期监护的未成年人交予符合条件的申请人收养。这样使得遭受监护侵害的未成年被害人能够像大多数未成年人一样在家庭的环境下健康成长，将来也能够更好地融入社会。

五、结语

对于身心发育未臻健全、行为能力有所欠缺的未成年人来说，有效的监护是保障其实现各项权利和健康成长的根基，监护不当、缺失甚至可以被视作一切未成年人遭遇侵害和实施罪错行为的根源所在。监护人实施的侵害行为不仅对未成年人造成了身体或精神上的伤害而可能构成犯罪，而且监护侵害行为的存在本身就是对监护适格性的一种否定，动摇了监护人监护资格继续存在的基础。更为重要的是，未成年人所需要的是一种持续性的、不间断的有效监护，监护侵害行为所导致的监护不稳定状态必须通过国家的适当干预予以及时终结。无论是纠正监护人的不当行为并监督、支持监护，还是撤销监护人资格和重新确定监护人，国家作为未成年人的最终监护人，应当在最有利于未成年人的原则下尽快干预，避免对未成年人造成更多的伤害。因此，在对涉嫌犯罪的监护侵害行为展开刑事诉讼时，旨在终结监护不稳定状态和实现有效监护的民事诉讼应当同步进行，而通过附带民事诉讼的方式，将事关未成年人保护并具有相同事实基础的刑事、民事两部分诉讼合二为一，则是在我国现行法的司法程序框架下实现尽快和主动干预的较佳选择。这种选择既是实现未成年人保护国家责任的一种更好的方式，可能也是在尊重诉讼基本规律基础上寻求儿童利益最大化的一种体现。

(来源：《政治与法律》2021年第6期)

未成年人网络社交中的犯罪被害：
风险类型与防范之策

王贞会*

一、问题的提出

当今社会，网络已经深刻影响并改变人们的思维和行动方式，成为人们日常生活中不可缺少的一部分，人们越来越依赖网络应用和智能设备。网络信息技术的发展犹如一柄"双刃剑"，在给人们生活带来便利、提升生活品质的同时，也给不法分子实施违法犯罪提供了新的行为场景和工具。据报道，近年来全国检察机关办理网络犯罪案件逐年大幅上升，年均增幅达30%以上。最高人民法院统计显示，2016年到2018年全国法院一审审结网络犯罪案件共4.8万余件，网络犯罪案件的数量及其在刑事案件总量中所占的比例均呈逐年上升的趋势。

根据2020年4月中国互联网络信息中心发布的第45次《中国互联网络发展状况统计报告》，截至2020年3月，我国网民人口规模达到9.04亿，其中10岁以下的网民占3.9%，10岁到19岁的网民占19.3%。在上网工具方面，使用手机上网的网民占到绝对多数。随着手机成为最主要的上网工具，手机移动应用市场发展迅速，2019年网络社交产品不断创

---

* 中国政法大学诉讼法学研究院教授，中国政法大学检察基础理论研究基地执行主任，主要研究刑事诉讼法与未成年人司法制度。

新,社交类应用与其他非社交类应用之间平台互联、功能互嵌,泛社交化或多元社交的发展特点明显。一方面,"社交+"的应用场景发展迅速。借助于平台自有的流量优势,社交平台接入越来越多的第三方应用程序,娱乐游戏、(短)视频或直播、信息推送、服务转介等第三方业务成为社交平台功能拓展的新兴领域。另一方面,"社交+"的应用模式日趋广泛。一些原本致力于内容浏览、娱乐游戏、(短)视频或直播、在线教育、电商等非社交属性的网络平台,也普遍开发了聊天模式或互动社交功能。

互联网已经深入未成年人学习和生活各个方面,未成年人甚至被标注为"网络原住民"。他们利用各类社交平台进行交友互动、情感联络,搭建带有身份共识的"网络圈群";网络课程和在线学习成为未成年学生获取知识、开拓视野的重要途径;网上娱乐、网络游戏给未成年人带来与传统娱乐和游戏方式不同的全新体验,而且这些传统上的非社交类应用也在不断地引入聊天和互动社交场景,未成年人在学习、娱乐、游戏的同时就可以与他人进行在线互动交流,有利于提高他们的学习效率,开阔思维和视野。然而,不容忽视的是,网络发展犹如一柄"双刃剑",在方便未成年人学习生活的同时,也将未成年人置于遭受违法犯罪侵害的风险之中。未成年人越来越多地身处网络虚拟空间,越来越依赖网络应用,越来越频繁地参与到网络社交和在线互动中,这都给不法分子利用网络尤其是社交平台实施侵害未成年人的违法犯罪提供了可乘之机,网络尤其是社交平台越来越多地成为犯罪分子实施侵害未成年人网络犯罪的工具或工具提供者。最近一段时间,一系列利用微信、QQ等社交平台对未成年人实施的犯罪活动被接连曝光,如学生上网课被诈骗、网络色情和性侵害未成年人、网络欺凌、网络拐卖等,引发舆论聚合效应。进一步规范社交平台运营、预防和打击利用社交平台实施的侵害未成年人网络犯罪成为我国网络空间治理和未成年人保护的当务之急,亟待从制度层面提出切实可行的整体性方案。

二、未成年人网络社交中遭受犯罪侵害的风险类型

司法实践中,犯罪分子利用社交平台实施侵害未成年人的网络犯罪,

主要是指犯罪分子将传统犯罪的活动场景移植到网络社交领域或利用社交平台为工具实施传统犯罪,可以算作传统犯罪的"网络版"。主要包括两种情形：一是直接把社交平台作为犯罪工具来实施侵害未成年人的犯罪；二是利用社交平台的服务功能或其他服务平台的社交功能来实施侵害未成年人的犯罪。

在犯罪特点上,利用社交平台实施侵害未成年人网络犯罪主要具备以下三个特点：一是犯罪的门槛较低。此类犯罪本身对网络技术创新的依赖程度并不高,犯罪分子通常也不需要接受专业的知识训练和具备专业的网络应用技能,一部可以上网的手机、一个简单的聊天软件或应用程序即可实施有关犯罪,在犯罪手段上也仍然以"哄""骗""威胁""恐吓"等为主。二是隐秘性较强。在犯罪分子通过网络途径对未成年人实施的犯罪中,许多未成年被害人选择沉默和忍受,其中原因在于他们可能根本就未意识到自己已经遭受侵害,或者是害怕遭受家长的责罚,再或者是担心犯罪分子公开自己的隐私或"秘密",从而使得犯罪分子屡屡得手。另外,由于此类犯罪存在较长的潜伏期且较少在未成年人身上留下伤痕,导致其很难被家长和老师及时察觉。三是防范相对困难。相较于传统的犯罪形式,网络犯罪对公民防范意识和专门知识的要求更高,而未成年人在此方面的能力相对薄弱,导致其无法及时辨别网络犯罪,容易上当受骗,沦为犯罪分子的侵害对象。

正是因为具备上述特点,近年来侵害未成年人的网络犯罪案件数量居高不下。结合媒体报道和司法机关办理侵害未成年人网络犯罪案件的情况,近年来利用社交平台实施的侵害未成年人网络犯罪主要集中在网络诈骗、网络传播淫秽色情信息、网络性侵害、网络欺凌、网络拐卖儿童等几种类型。

1. 利用社交平台实施网络诈骗犯罪

网络诈骗是实践中最为常见也是占比最高的网络犯罪类型。近年来,社交平台成为犯罪分子实施网络诈骗的主要犯罪平台。最高人民法院的数据显示,2016 年到 2018 年全国法院一审审结的网络犯罪案件中有

31.83%的案件涉及诈骗，主要犯罪工具包括微信、QQ、支付宝等。其中，利用微信实施网络诈骗的案件数量最多，占全部网络诈骗案件的42.21%；通过 QQ 实施网络诈骗的案件占35.23%，二者相加占全部网络诈骗案件的近八成；利用支付宝实施网络诈骗的案件占15.28%。对于未成年人而言，越来越多的人开始使用网络进行学习娱乐，特别是疫情防控期间，全国大中小学校普遍采取在线教学，学生用网频次、在网时长大幅提高，遭受网络诈骗的风险随之升高，仅从公开报道的数据即可管窥一二。例如，2020年2月1日至3月16日浙江省海宁市警方受理涉及中小学生的电信诈骗案件有24起；1月1日至3月13日温州市鹿城区警方受理涉及中小学生的网络诈骗案件有53起；4月1日至4月21日的20天时间里，安徽省淮南市学生被网上诈骗的案件就有27起。居高不下的案件数量足以显示网络诈骗犯罪对未成年人危害之严重。

2. 利用社交平台实施网络传播淫秽色情信息犯罪

随着手机、平板电脑等智能移动电子设备的普及以及移动端应用市场的发展，利用互联网来传播淫秽色情信息的传统犯罪模式尚未消退，通过社交平台来传播淫秽色情信息的新型犯罪模式已然大肆泛滥。这包括利用社交平台传播儿童色情信息和向未成年人传播淫秽色情信息两种情形，不管哪种情形，最终受害者都是未成年人。在犯罪手段上，有的犯罪分子通过开发 App 并采取加密技术、层层伪装等方式将淫秽色情信息隐藏其中。例如，一款名为"国产富二代"的手机 App 通过伪装成"时间打卡清单""河流巡查系统"App 来逃避政府监管，传播儿童色情内容。有的犯罪分子利用监管漏洞将淫秽色情信息嵌于社交平台的拓展服务中。例如，内容浏览平台包含很多打色情擦边球的内容，甚至有的电影在国外属于限制级的成人影片。这些新型的犯罪手段无疑增加了犯罪的防范和侦查难度，给我国未成年人保护提出了新的难题。

3. 利用社交平台实施网络性侵害未成年人犯罪

社交平台不仅为网络传播淫秽色情信息提供了新的渠道，而且犯罪分子利用社交平台对未成年人实施网络性侵害的问题也日益凸现。根据最高人民检察院发布的《未成年人检察工作白皮书（2014—2019）》，在2019年侵害未成年人犯罪中，强奸罪和猥亵儿童罪的比例分别位居第一位（21%）和第三位（8%），相较2017年明显上升。在犯罪的具体形式上，一方面，"隔空"猥亵成性侵害未成年人犯罪新形态。根据《"女童保护"2018年性侵儿童案例统计及儿童防性侵害教育调查报告》，在2018年度被媒体报道的317起性侵害儿童案例中，网友作案39起，占比18.57%，其中有16起是犯罪分子通过聊天、视频等社交平台诱骗儿童发送裸照、裸体视频、裸聊、做猥亵动作等来实施犯罪。公安部刑侦局有关负责人指出，犯罪分子以"个性交友""童星招募"等为幌，诱骗、胁迫未成年人进行"裸聊"或发送"裸照""裸体视频"的"隔空"猥亵类性侵害未成年人犯罪有蔓延之势。另一方面，现实生活中利用社交平台对未成年人实施性侵害犯罪的问题也越发严重。据报道，最高人民法院对部分地区法院近年来审理的性侵害未成年案件进行统计后发现，有近三成是被告人利用网络聊天工具结识被害未成年人后实施犯罪的。不仅如此，网络猥亵儿童犯罪与传统猥亵儿童犯罪往往呈现出复合发展的态势。犯罪分子先通过网络社交平台骗取未成年人的私密照片或视频，之后再以此为要挟迫使未成年被害人就范，使未成年人身心遭受线上和线下的双重伤害。不仅如此，如果不能及时遏制网络上的猥亵行为，还容易诱发其他形式的犯罪。有的犯罪人在取得被害儿童的裸露照片、视频等后以此要挟被害儿童及其家长给予财物，由网络猥亵儿童犯罪向敲诈勒索罪发展。

4. 利用社交平台实施网络欺凌犯罪

网络欺凌是指通过数字平台，如社交网站、聊天室、博客、即时消息应用程序和短信，以文本、图片或视频等形式发布电子信息，意图对他人进行骚扰、威胁、排挤或散布关于他人的谣言。调查发现，相当比例的未成年人曾经遭受网络欺凌侵害，社交平台则是网络欺凌的主要场所。例如，《2019中国青少年互联网使用及网络安全情况调研报告》指出，78.2%的青少年遇到过网络暴力，内容包括遭到讽刺或谩骂、遭到恶意骚扰以及个人信息未经允许在网上被公开三种情形。中国社会科学院新闻与传播研究所等单位发布的《青少年蓝皮书：中国未成年人互联网运用报告（2019）》也显示，未成年人在上网中遇到过暴力辱骂的比例为 28.89%，主要场所则是社交软件、网络社区等。

5. 利用社交平台实施拐卖儿童犯罪

鲍某涉嫌性侵害养女事件被媒体曝光，再次将长期处于灰色地带的网络非法收养带入公众视野。在早期的"圆梦之家"等非法收养儿童网站被公安机关查处后，网络非法收养开始向 QQ 群、论坛等社交平台转移，社交平台成为网络非法收养的主要藏身之地，甚至有人以收养名义在社交平台上叫卖自己的亲生孩子。据报道，以收养的名义贩卖婴儿已经形成一个产业链，甚至有些人养一堆孕妇就是为了卖孩子。他们为了规避检查，编造各种谎言，在网络上以帮助收养的名义从事违法行为。对于被拐卖的儿童，他们在被拐卖过程中很容易遭受虐待、非法拘禁、故意伤害、猥亵、强奸等违法犯罪行为的再次侵害。

除以上几类常见犯罪以外，其他以社交平台为犯罪工具或犯罪场景实施的侵害未成年人网络犯罪，亦应引起高度重视。例如，犯罪分子实施的侵害未成年人网络犯罪往往以获取未成年人个人信息为前提，因此实践中必须警惕利用社交平台非法收集、存储、使用、转移、披露未成年人个人信息的违法犯罪行为，从源头上杜绝网络犯罪。

三、未成年人网络社交中遭受犯罪侵害的风险防范

传统的网络犯罪场景逐步向手机移动应用渗透，利用社交平台实施侵害未成年人网络犯罪频发且犯罪类型不断增加，暴露出我国在预防和打击利用社交平台实施侵害未成年人网络犯罪中面临的治理困境，为此，应当从立法和制度层面出发制定有针对性的对策方案，构建国家机关、互联网企业、社会组织和教育机构多方参与的未成年人网络保护体系。

1. 完善未成年人网络社交保护的法律法规，明确利用网络社交平台实施侵害未成年人网络犯罪的平台责任及其承担方式

我国现行关于未成年人网络社交保护的法律法规尚不健全，对犯罪

分子利用网络社交平台实施侵害未成年人网络犯罪的平台责任及其追究有待明确。酝酿多年的《未成年人网络保护条例》仍未正式出台。虽然《未成年人保护法修订草案》中增加了"网络保护"专章，但多为原则性规定，且没有区分未成年人遭受犯罪侵害的网络场景而作出分类规定。国家网信办发布的《儿童个人信息网络保护规定》《网络信息内容生态治理规定》等文件中规定了网络运营者和网络信息内容服务平台的主体责任及网信部门的监管职责，但以上文件针对的保护对象主要是儿童个人信息和网络信息内容，并没有对利用社交平台实施侵害未成年人犯罪的平台责任及其承担方式等问题作出规定。虽然国家广电总局、网信办也曾针对微信、微博等社交平台出台过《互联网视听节目服务管理规定》《微博客信息服务管理规定》《国家新闻出版广电总局关于加强微博、微信等网络社交平台传播视听节目管理的通知》等文件，但这些都是级别较低的规范性文件条文内容相对简单，缺少具体的可操作性，对网络犯罪的打击能力较弱。

为了给打击网络犯罪提供具体、明确、有力的法律依据，我国应当全面完善未成年人网络社交保护与犯罪防治方面的法律法规。其主要包括：第一，完善上位法体系，探索针对未成年人网络安全或社交平台管理的专项立法，避免出现法律层级过低、内容不够全面和准确、缺乏可操作性的问题。第二，设定未成年人使用网络社交软件的法定最低年龄界限，低于最低年龄的未成年人不允许注册和使用社交账户，未成年人使用社交软件应当进行身份、年龄验证，未成年人的监护人和社交平台均负有保证使用社交软件的未成年人符合年龄标准的责任。第三，结合未成年人自身的特点，针对未成年人的隐私权与个人信息保护进行专门立法，避免未成年人因隐私或个人信息泄露而成为不法分子的犯罪对象。第四，要求社交平台设置与成年人社交场景相分离的未成年人社交场景，规定未成年人确有必要使用成年人社交场景需要在其监护人陪伴下使用，鼓励网络企业开发符合未成年人身心特点、专门适用于未成年人的社交软件。第五，强化社交平台在未成年人网络社交保护和犯罪防治方面的主体责任，在现有刑法框架下明确刑事合规的量刑价值，对于建立合规制度的企业，进行犯罪后果与责任认定时，可以将其作为减轻处罚甚至免除处罚的事由。第六，完善我国网络犯罪的刑事规制体系。现行的网络犯罪刑事规制体系虽然规则严密、体系完整，但是从司法实践来看，随着网络犯罪的蔓延，尚不足以震慑和遏制网络犯罪，追赃挽损的力度也有待进一步加大，以保障人民群众的财产安全和社会稳定。

2. 建立行业自律组织、制定行业规则，引导网络社交行业规范化发展

目前我国网络社交行业在总体上仍然处于一种"一盘散沙式"的发展状态，企业与企业之间可能是对抗排斥、恶性竞争关系而非合作共赢、良性发展关系，缺少从整个行业发展角度的总体规划。行业整合度、标准化以及行业自律管理等方面存在明显不足，既没有建立统一的对网络社交行业实施管理的自律性组织，也未形成普遍适用于整个网络社交行业的带有指导性、规范性的行业规则，难以发挥网络社交行业的自律作用。

我国应当推动建立网络社交行业的自律组织并制定统一适用的网络社交行业标准、规则，引导整个网络社交行业健康良性发展。首先，可以参考英国设立行业组织和制定实用指南的做法，由中国网络社会组织联合会或在其下设立网络社交行业分会作为网络社交行业的自律组织，并邀请政府、企业、大学和慈善界等各界人士、组织或团体参加，形成营造网络安全环境的合力。其次，自律组织要负责制定指导社交平台向未成年人提供服务的统一行业规则。其既要为网络社交平台提供具体的行业标准和操作指引，又要规定明确的制裁和惩罚措施，避免因缺少可操作性和惩戒力而沦为一纸空文。最后，要明确自律公约法律地位和权威，积极倡导各社交平台主动制定、签署和落实自律公约。网络社交平台存在问题的有效解决，行业自律公约必不可少。我国在2012年曾有260余家单位和企业缔结《中国网络视听节目服务自律公约》，有力地推动了互联网视听节目服务产业的长远发展，值得我国网络社交平台效法。

3. 推进社交平台刑事合规建设，落实社交平台的主体责任

当前社交平台普遍缺少针对未成年人网络社交保护和犯罪预防的刑事合规制度，主体责任落实不力。首先，部分社交平台对合规制度不够重视，缺少专业的刑事合规团队，导致其内部工作人员的法律意识较为淡薄，针对违法犯罪的监管和防范体系不够完善，使得犯罪分子有机可乘。其次，社交平台普遍没有开发专门适用于未成年人的青少年社交场景或单独的未成年人社交应用软件，对未成年人的使用限制也相对较弱。以目前比较流行的微信和抖音为例，根据《腾讯微信软件许可及服务协议》的规定，只要未满14周岁的儿童取得了监护人对《儿童隐私保护声明》的同意，便可以使用微信服务，而《抖音用户服务协议》则规定，未满18周岁的未成年人只要在法定监护人陪同下仔细阅读及充分理解该协议，并征得法定监护人的同意后便可以使用抖音。这种成年人和未成年人共用同一社交平台的现象，无疑增加了未成年人在网络社交中遭受犯罪侵害的风险。最后，社交平台越来越多地链接第三方服务和内容阅读功能，但对链接的服务项目和内容平台缺少有效的审查和甄别，往往难以发现犯罪分子利用平台自身以及平台内接入的其他平台或应用程序实施侵害未成年人网络犯罪的情况。

我国今后应当推进社交平台运营的刑事合规建设，在平衡网络监管与未成年人保护的双重利益的同时落实社交平台在侵害未成年人网络犯罪防治方面的具体责任。网络平台刑事合规的具体路径主要在于通过合规体系将刑法赋予的平台作为义务细化为内部的具体化和可操作化的措施，在平台运营的各环节、各流程构建可量化、可评估的风险预防、风险监测和风险消除机制。具体内容包括：第一，政府有关部门应当督促社交平台建立健全未成年人网络社交保护和侵害未成年人犯罪防治的合规制度，并提供相应的规范指导和资金支持，使互联网企业将重心放在履行管理职能上，约束和监督其成员。企业也应该重视合规制度，聘请专业而独立的合规人员，制定有效的风险预防、评估和消除机制，以避免在平台运营过程中发生违法犯罪行为。第二，社交平台应当实时检测、筛选和清理本平台内容，开发具有主动发现、识别和屏蔽色情等不良信息和有关违法犯罪信息的平台功能，完善平台内的一键式投诉、举报系统。第三，国内的社交平台可以借鉴国外相关平台的做法，单独设置区别于成年人社交的"青少年社交场景"或开发专门适用于未成年人的社交应用软件，将未成年人与成年人的网络社交环境进行分离，对进入青少年社交场景的未成年用户，社交平台要在其登录时进行身份、年龄验证，并做好对未成年人个人信息安全的保护。媒体报道的腾讯申请微信儿童版商标、QQ 移动端上线青少年模式等，都是有关互联网企业或社交平台在探索专门针对未成年人的社交应用方面作出的积极努力，值得肯定和积累经验后予以推广。第四，社交平台应适当加强对未成年人使用权限的限制。韩国的 LINE 在 2020 年 1 月实施新的年龄分级标准，将年龄界限提升至 12 岁，若用户的年龄未满 12 岁将无法使用基本的通讯聊天、LINE Pay 等功能。借鉴该做法，微信、微博、抖音等软件可以根据未成年人的年龄设置不同的权限，对于不满 14 周岁的儿童应禁止其使用上传图片和视频、支付等功能。第五，在"青少年社交场景"中嵌入家长实时监控和举报功能，使家长可以随时掌握未成年子女使用社交平台的情况，在发现有色情等不良信息或诈骗、性侵害等违法犯罪线索时，家长可以通过手机或其他电子设备关闭社交软件，固定证据，并直接向平台举报或报警。第六，明确社交平台的犯罪线索及时移送和证据固定机制。社交平台在日常运营中发现存在侵害未成年人网络犯罪线索时，应当及时将犯罪线索移送网信部门、公安机关等执法单位，并协助执法机关做好证据材料的收集和固定工作。

4. 落实政府监管职责，加强执法协作和司法参与

未成年人由于社会认知能力较弱，心理上又害怕被家长责备，因而在受到网络犯罪侵害后往往隐瞒被犯罪侵害的事实。有的未成年人未能有效识别网络犯罪的危害后果，也没有及时保存有关证据。预防和打击利用社交平台侵害未成年人网络犯罪面临"发现难、取证难、认定难"的"三难"困局，削弱了对利用社交平台侵害未成年人网络犯罪的打击

力度，不利于对未成年人的权利保护。

应当完善政府主管部门对社交平台的监管机制，切实履行监督者和执法者的职责。主要包括：第一，督促社交平台设置"青少年社交场景"或开发专门适用于未成年人的社交应用程序。政府可以通过政策、资金或技术支持等多种方式鼓励互联网企业研发生产适合未成年人使用的产品。第二，监督社交平台切实履行本平台上网络信息内容生态管理的主体责任，对没有切实履行主体责任的社交平台依法进行处罚。第三，政府应当鼓励企业开发出专门保护未成年人上网的保护软件，方便未成年人绿色上网。我国曾经采购"绿坝—花季护航"软件，但由于技术等原因未能取得理想的效果。今后政府一方面应当加强资金和技术投入，另一方面也应从实际出发，在综合考量安全、隐私、信息流动、系统可靠性、用户自由选择权的基础上作出科学决策，避免出现软件质量不尽如人意、推广行动操之过急的现象。第四，要建立健全政府部门与互联网企业之间的协作机制。政府与企业之间的协作状况直接影响到查处和惩罚犯罪的效果，政府可以通过简化业务流程、提高信息处理和反馈速度的方式鼓励企业主动参与协查，完善协同合作长效机制。

应当加强预防和打击利用社交平台侵害未成年人网络犯罪中的执法协作和司法参与。我国目前针对网络社交平台的监管现状是以网信办为主要负责机关，其他多个部门在自己的职权范围内均具有监管权力，因而导致了行政职权交叉、手续繁杂等问题。同时，各行政部门分别出台规范性文件，容易产生行业标准不统一、规范文件之间内容重复或矛盾的问题。首先，应对各个网络监管部门的职权范围进行明确的划分，构建各部门之间的业务交流渠道，鼓励不同监管部门间加强配合并进行资源和信息共享，同时推动各部门联合出台统一的行业规则和执法依据，避免发生标准不一、互相推诿等问题，通过协同监管和优势互补来提高行政管理效率。其次，应加快完善公安机关、网信部门等多部门的联合执法机制，定期对各类社交平台或具有社交功能的其他平台开展"净网"联合执法检查，及时清理社交平台中的不良信息和有害内容，发现和查处利用社交平台实施侵害未成年人的违法行为，做到防患于未然。最后，应加强司法机关的参与。司法机关可以提前介入对网络社交平台的监督管理，及时发现和打击犯罪行为，并通过设立和完善强制报告制度等特殊机制加强对侵害未成年人网络犯罪的打击力度。此外，最高人民法院和最高人民检察院还可以通过出台指导性案例和典型案例的方式指导地方各级法院和检察院科学办理网络犯罪案件，避免出现适用法律错误的现象。

5. 健全教育和宣传制度体系，提高未成年人的自我保护能力

除了外部的立法、司法和行政措施，提高未成年人自身的安全意识和自我保护能力也是预防网络犯罪的重要措施之一。未成年人在成长过程中出现的好奇心强、沉迷网络新鲜事物现象皆属正常，关键是如何通过宣传和教育予以有针对性的、恰当的引导，帮助未成年人自行识别和规避违法犯罪行为。虽然我国目前比较重视学校的网络教育工作，但大部分学校的教学模式落后，以单纯的书本教育为主，缺少针对性，难以充分调动未成年人学习的积极性。

应当着力健全和完善我国的教育和宣传体系，充分发挥政府部门和学校在网络安全方面的宣传和教育作用，以培养未成年人的法律思维和防范意识。针对不同年龄段的未成年人，学校可以提供不同的教育方式：对不满14周岁的儿童，可以通过画册、游戏等方式提高其学习兴趣，帮助其初步了解网络安全；而对于已经较多接触网络的未成年人，则应以正规课程的方式进行网络法律法规、常见网络犯罪等具有专业水平的知识教育。此外，政府部门和学校应当加强合作，前者可以为后者提供必要的教职工培训、课程教材与宣传手册，并可以采取线上教育与线下实践相结合的方法，邀请专业人士在学校开设讲座，为未成年人及其监护人、学校教师及职工开展网络安全知识教育。

（来源：《中国青年社会科学》2020年第6期）

未成年人刑事司法中的诉讼协作构造

——比较法视野的考察

王瑞剑[*]

一、问题的提出

长久以来，未成年人刑事司法与成年人刑事司法间的区别似乎不言自明，其独立性不仅体现在理念、价值等基本原理上，还反映于诉讼构造等基础理论中。刑事诉讼构造是刑事诉讼法学的一项基本理论，也是反映刑事诉讼如何进行的基本方式以及控辩审三方所形成的基本诉讼法律关系格局。[①] 刑事诉讼构造所体现的控辩审三方基于诉讼行为的相互作用，不仅贯穿于诉讼活动始终，还对刑事诉讼的进程与终结具有决定性影响。可见，作为刑事司法的重要理论命题，刑事诉讼构造是分析未成年人刑事司法的重要理论工具。

然而，作为刑事司法的重要理论，未成年人刑事司法中的诉讼构造却鲜有人涉及。纵览这一领域的现有研究，与刑事诉讼构造最为接近的当数"少年司法模式"的研究。对这一主题，理论界业已展开广泛的探讨。例如，郭翔教授将世界各国的少年司法分为三种模式：法庭模式、

---

[*] 北京大学法学院博士生。
[①] 宋英辉等：《刑事诉讼原理》，北京大学出版社2014年版，第151页。

福利治疗模式、社会参与模式;① 姚建龙教授提出"福利原型"与"刑事原型"的"两模式说";② 徐美君教授主张"保护模式"与"惩罚模式"等。③ 不过,"模式"虽在语义上与"结构"相近,甚至在学术语境下时常混用,但二者终究有别,难以等同视之。实际上,"模式"是对基本诉讼类型的动态、比较性的考察,其核心在于诉讼价值;而"构造"则是静态解析诉讼中各项权力(权利)的配置与关系。正是基于这一点,传统少年司法在基础理论上缺乏涉及诉讼构造的深层次分析,类型化的分析忽略了微观的结构。这一理论窘境直接引发对传统刑事司法的追问。在主流的刑事诉讼构造理论中,与少年司法理念最为接近的当数格里费斯的家庭模式理论。不过,格氏的理论虽略有涉及少年司法,但主要还是建立在对帕卡两个对立模式内在矛盾的批判之上。换言之,其理论内核在于从对抗到合作,而非从传统刑事司法走向少年司法。

  传统刑事司法的制度短板与少年司法的理论缺失,催生刑事诉讼构造在少年司法领域的运用。在少年司法领域,域外各国在刑事诉讼构造上具有哪些特点以及存在何种共通之处,这种构造上的共通之处对我国少年司法制度又有哪些借鉴意义?这些都是目前刑事诉讼构造理论与少年司法理论亟待解决的问题。总体而言,域外少年司法的发展已走过二百余年,初步形成较为成熟的理论与制度模型,并可以用"协作"二字加以概括。对此,本文尝试从域外的制度经验出发,④ 与刑事诉讼构造理论进行对话,总结出少年司法的协作模式,以期对我国的制度发展提供借鉴意义。

---

① 郭翔:《犯罪与治理论》,中华书局2002年版,第990页。
② 姚建龙:《长大成人:少年司法制度的建构》,中国人民公安大学出版社2003年版,第308~311页。
③ 徐美君:《未成年人刑事诉讼特别程序研究》,法律出版社2007年版,第38~44页。
④ 为保证论述的集中性,本文选取英国、美国作为英美法系的代表,德国作为大陆法系的代表。

二、诉讼协作构造的提出

(一) 对传统诉讼构造的反思

早期英美未成年人刑事司法以"国家亲权思想"为基础,对儿童福利的重视成为其基调。以英国为例,1933年《儿童与未成年人法案》规定,部分特定的治安法院专门管辖未成年人案件,治安法官需要根据"儿童福利"作出裁断。[1] 第二次世界大战之后,1945—1970年的英国社会处于重大变革时期,经济的高速发展与政策的福利导向,[2] 均为福利型司法提供新的土壤。这一时期的福利改革高潮当属1969年《儿童与未成年人法案》的修改,其明确控制治安法官在监禁刑罚上的权力,且要求临时性的中间措施由社会工作者决定。这一时期的少年法院被称为福利提供机构,地方性的社会工作者如雨后春笋般涌现。只有在自由的、非正式的措施无法经由社会工作者、未成年人及其父母达成时,方有少年法院介入的必要。在同一时期,美国少年法院管辖的甚至不是犯罪少年儿童,而是违法少年儿童。对于这一群体,凡是需要进行刑事处罚的,都应移送普通法院处理,从而区别于福利型的少年司法程序。而在德国,1970年工人福利会颁行《扩展的少年福利法》草案,将未成年人犯罪者视为需要关照与监护的人群,并对其适用少年福利法。在这一时期,德国几近废除未成年人刑事司法而完全代之以少年福利法或少年纠纷法,[3] 整个诉讼过程具有行政化、福利化的色彩。可见,在福利模式阶段,未成年人刑事司法淡化司法属性、增强行政属性,整个运行过程以儿童福利为中心,缺乏基本的诉讼构造。

当然,在大部分时期,未成年人刑事司法与传统刑事司法并无二致,

---

[1] Andrew Rutherford, *Growing out of Crime: The New Era*, Waterside Press, 2002, pp. 11-27.

[2] A. H. Halsey, *Britisch Social Trends Since 1900: A Guide to the Changing Social Structure*, Palgrave Macmillan, 1988 pp. 1-4.

[3] Schaffstein, Friedrich, Wener Beulke, *jugendstra frecht: Eine Systematische Darstellung*, 12. Aufl., 1995, S. 30.

尤其是在大陆法系国家。例如，在20世纪的德国，对少年犯罪的处理受刑事司法规定的拘束，少年司法被视为前者的子系统。① 而在20世纪末期的英美法系，少年司法的福利面向开始消退、惩戒面向复又回潮，传统刑事司法程序再次被强调。综合来看，上述两种类型是少年司法发展的两个方向，但不论是福利模式抑或对抗模式，要么过于强调、要么片面忽视少年司法的特殊性，均失之偏颇。大部分法域的少年司法制度介于二者之间，走向一种折中的诉讼构造。

（二）诉讼协作构造的提出

诉讼协作是一种居于前述"左右"之间的构造形态，意指诉讼参与各方，尤其是控辩审三方与社会主体之间，在诉讼过程中以儿童福利为共同目标，进行充分协作以达成相应的处遇。具体而言，可以分解为作为理念的协作与作为构造的协作。

首先，作为理念的协作，与传统的刑事司法理念相对，为未成年人刑事司法注入新的思路。协作理念对诉讼各方的要求主要体现于主动合作、重视商谈，以实现未成年人的福祉为目标。具体而言，控辩双方从传统对抗向主动寻求合作转变，社会力量加入成为协作的重要一方；未成年人成为各方协作的目标，得到更多的福利性保护。可以说，作为理念的协作是未成年人刑事司法从传统刑事司法中独立的根本性标志。

其次，作为构造的协作，虽然与近年来受到持续关注的协商性司法颇为相似，不过二者仍存在着构造上的显著差异。在协商性司法中，诉讼各方以己方利益为主的策略行为占据主要部分。但在协作构造中，诉讼各方因追求同一目标——未成年人福利而互相协作，以沟通交流为主的交往行为占据上风，更接近理想的法律商谈。② 换言之，协商性司法是诉讼参与各方妥协的产物，而协作则是诉讼各方基于同一目的所开展的

---

① Hans-Jörg Albrecht, Youth Justice in Germany, 31 *Youth Crime and Youth Justice*, 2004, pp. 444-455.

② Jürgen Habermas, Faktizität und Geltung: *Beitrtäge zur Diskurstheorie des Rechts und des Demokratischen Rechtsstaats*, 4. Aufl. , 1994, S. 151ff.

合作。

可见，作为构造的协作与现有的诉讼构造抑或协商性司法，均存在本质的不同。其中，根据诉讼构造理论，主体关联与处遇控制是考察的关键所在。作为静态的考察，主体关联是指控辩审三方与社会力量间关系的基本格局；作为动态的考察，处遇控制指诉讼各方对未成年人处遇方案的影响程度。

（三）诉讼协作构造的基本展开

相对于传统刑事司法，未成年人刑事司法的重要特征在于社会因素的介入。在用构造理论解释未成年人刑事程序时，绝不能忽略社会主体所发挥的作用。甚至可以说，考察诉讼构造中的主体关联，正是判断传统诉讼主体与社会力量间的关系。

社会力量由于超脱控辩双方与中立裁判方，当仁不让成为联结各方意见、积极推动协作的重要媒介。诉讼协作构造存在纵向的协作与横向的协作。[①]从纵向来看，不同于"以裁判为中心"或"流水作业"构造，[②]诉讼协作构造近似于一种多中心或无中心的构造状态，暗含未成年人刑事司法的非正式性与多元性。在纵向结构中，传统的司法裁判不再是核心焦点，特定主体在各个诉讼阶段均可根据未成年人福利作出实体性的处遇，并发挥社会力量的辅助作用。以横向来看，诉讼参与各方秉承共同的诉讼目的——儿童福利，一旦协作一致达成处遇方案，便可径行实施处遇方案。

在主体关联的基础上，处遇控制是协作构造的关键。其中，审前的转处机制是其焦点所在，被视为未成年人刑事司法领域最伟大的"发明"。一方面，在协作构造中，司法裁判不再居于中心地位，审前阶段多元化的转处成为协作构造的重点。例如，在德国，审前转处多由控方作

---

① 纵向的协作是对整个诉讼程序的"纵切"，关注各个主体在整个司法程序中的法律地位和相互关系；横向的协作则是对诉讼程序的"横切"，判断诉讼主体在各个程序横断面上的静态关系。

② 陈瑞华：《刑事诉讼的前沿问题》，中国人民大学出版社2017年版，第279~290页。

出，需要在社会力量的配合下作出合适处遇；在美国，转处机制日益多元，检察官需要与社会力量协作开展转处。可见，审前转处与各方协作相辅相成，优先选择审前转处成为各方协作的主要目标。另一方面，在协作构造中，对未成年人的处遇方案还需要体现多方意志，成为各方协作的产物。一般而言，其需要体现对被告人的惩戒、对被害人的抚慰、向社会的回归等诸多方面。围绕这一处遇目标，诉讼各方，尤其是传统诉讼主体与社会力量之间，需要共同参与、交换意见与主动协商。在这一过程中，诉讼各方的协作能为有效处遇奠定基础，是协作构造的必要体现。

三、审前协作的两种模式

在审前阶段，社会力量如何与传统诉讼主体展开协作，决定着主体关联与处遇控制的基本形态。此种协作在英美表现为强协作形态，在德国则表现为弱协作形态，分别体现了两大法系的典型特征，如下展开分述。

（一）英美法系的强协作模式

英美法系在司法程序改革上倾向于实用主义的考量，在社会力量的引入上不存在多少障碍。① 控辩审三方与相关社会主体的地位平等，仅在分工上有所不同，共同实现少年司法的基本目标，形成一种强协作模式。

其一，强协作下的主体关联。社会力量与侦查机关的协作，广泛发生在警察所适用的非正式程序之中。② 警察会以未成年人的最佳利益为准，在征求社工、社区、学校等社会力量的意见后，制订相应处遇方案。若适用正式程序，检察官需要与社工进行充分讨论，权衡考虑社区、校

---

① 社会力量在美国并非一个范围明确的概念，其包含但不限于法院缓刑官及社区、学校、未成年人保护组织人员等。
② 当遇到未成年人犯罪时，警察可以选择正式程序或非正式程序，若行为性质轻微，往往倾向于后者。

园安全等诸多因素，综合制订处遇方案。① 若要推动转处，控方不仅需要征求未成年人及其监护人的意见，还需要社会力量的实质介入。此种审前的具体协作，集中体现在预备会议这一特殊制度中。通常情况下，由少年法院委派的缓刑官员，在未经起诉的情况下可以召开审前的预备会议，以协调各方达成关于实体与程序的一致意见。② 在会议上，各方会就起诉与否以及不起诉后的处遇方案展开充分讨论。这一协商机制不仅创设了有效的协作平台，还可继续适用"被害人—犯罪人和解""家庭团体会议""调停圈"等特别机制。③

其二，强协作下的处遇控制。在审判之前，未成年人有两种脱离正式程序的机会，一为案件受理前的审查（intake），二为正式的转处（diversion）。对于前者，各方协作的程度决定着未成年人在程序中的命运，其价值不亚于成年人司法中的辩诉交易。在美国许多司法区，这一机制由缓刑官主持，需在各方商讨的基础上决定程序走向与处遇方案。各方协作的对象并非仅在于决定未成年人的罪与非罪，而是帮助彼此理解未成年人处境，选择最为合适的非司法化处遇。针对后者，目前主要通过三种形式呈现：在警察接触之前的转处，以社区为基础；在警察正式处理前的转处，以警察为基础；在法院正式处理前的转处，以法院为基础。为了达到精准干预，诉讼各方主体需要进行对话、沟通与协商，并通过社会力量评估有关行为人的诸多因素，选择最为合适的处遇措施。④

总体而言，基于社会力量的强势介入，英美法系的未成年人刑事程序基本上是围绕未成年人的社会属性展开的。在此过程中，社会力量在程序与处遇控制上均发挥实质影响，甚至起到主导作用，从而形成一种

---

① National Council of Juvenile and Family Court Judges, *Juvenile Delinquency Guidelines*(2005).

② Uniform Juvenile Court Act, sec. 10.

③ "家庭团体会议"由警察主持召开，未成年犯罪人及其家庭会和被害人及其家庭展开针对性商谈；"调停圈"（Peacemaking Circle）则是一种非正式机制，主要是涉罪未成年人与被害人进行对话，社会力量如社区代表、学校代表、社工参与其中发挥调解与疏导的功能。

④ Wilson, Holly A. &Robert D. Hoge, The EffectofYouthDiversionPrograms on Recidivism, 5 *Criminal Justice and Behavirr*, 2013, pp. 497-518.

强协作模式。

（二）大陆法系的弱协作模式

德国未成年人刑事司法的特点在于少年法院援助的介入，其以地方未成年人保护部门的工作人员为主，并辅以相关保护组织的人员。在审前阶段，协作虽然同样存在，但其范围、作用与影响均难与英美等同，故可用弱协作模式加以概括。

其一，弱协作下的主体关联。德国语境下的弱协作基本围绕少年法院援助展开，其时常被视为调查程序、羁押判断以及处遇决定的助手。① 在调查程序中，少年法院援助与警察联系密切，其所代表的社会因素被视为司法程序中"温情的监督者"。作为警方调查的补充，少年法院援助需要充分调查未成年人的生活、家庭、成长经历等。② 作为羁押判断的助手，其职责在于，协助检察官判断提请羁押的必要性。对此，检察官必须确保与少年援助进行有效交流，在充分进行背景调查的基础上判断是否提请羁押。③ 在此过程中，审查法官需要在充分征求少年法院援助意见的前提下，判断羁押得当与否。当未成年人进入正式程序后，特定的案件会谈即告召开，④ 其目的在于确保少年法院援助与司法机关在处理方式上协调一致，形成初步的处遇方案。实践中，若是转处意见得到少年法院援助的支持，会得到各方极大程度的采纳。

其二，弱协作下的处遇控制。德国的转处方式相对单一，主要包含三种类型的不起诉制度。⑤ 其中，协作在教育性负担的转处中体现最为明

---

① Eberitzsch, *Jugendhilfeangebote zur Vermeidung von Untersuchungshaft*, ZJJ 3(2011), S. 259.
② FeltesT., FischerT. A., Jugendhilfe undPolizei - KooperationZwischenHilfeund Kontrolle, in: BöllertK.(Hrsg.), *Kompendium Kinder-und Jugendhilfe*, Springer VS., 2018, S. 1216.
③ Zieger/Nöding, *Verezdzgng in Jugendstrafsachen*, 7. Aufl., 2018, S. 126 ff.
④ 案件会谈，即有关机关与职能部门所进行的一种专业性会谈，主要内容是就针对行为人可能采取的处遇措施交换意见。
⑤ 三种类型分别为德国《少年法院法》第45条第1款的转处（无负担的转处）、第45条第2款的转处（教育性负担的转处）以及第45条第3款的转处（法官附条件的转处）。

显。① 相对于常规转处,这一转处为诉讼各方协作开辟了更为广阔的空间,其关键在于确定相适应的教育性措施。教育性负担十分多元,从父母、学校的教育性惩戒,到少年法院援助的帮扶措施(家庭帮助、个体帮助等)。对此,少年法院援助与司法机关需要围绕未成年人的罪行充分交换意见。另外,少年法院援助还需要结合生理、心理等方面的因素,评估得出最有利于未成年人发展的方案。在这一过程中,少年法院援助扮演充分协助的角色,须尽可能早地与未成年人接触、展开调查与评估。评估后发现情况合适或者相应干预已经实施的,少年法院援助应当通知检察官与法官,确保转处及时作出。②

总体而言,基于大陆法系的规范传统,社会因素在德国未成年人刑事司法程序中体现得并不显著,仅用于有效处遇之佐证。在这一背景下,代表社会因素的少年法院援助在程序与处遇控制上,仅发挥协助传统诉讼主体的作用,形成一种弱协作模式。

四、审判协作的两种模式

针对审判阶段的协作,与审前多有不同,其考察的关键视角在于主体关联(传统诉讼与社会力量的关系)以及处遇控制(社会力量对处遇所发挥的影响)。具体而言,英美国家的审判协作可用"双重环形"加以概括,德国的审判协作可用"平面线性"加以概括。

(一) 协作的双重环形模式

协作的双重环形模式下,审判阶段的诉讼协作构造在美国被形象地比拟为以少年法庭为中心的环形,其包含"内在"环与"外在"环。"内在"环代表着未成年人刑事司法的正式程序,由传统的控辩审诉讼主体与代表社会力量的缓刑部门组成。"外在"环代表着非正式、非司法化

---

① 教育性负担的转处,是指在已执行或开始执行教育措施的情况下,检察官所作出的不予起诉决定。
② Wiesner, Reinhard(Hrsg.), SGB VII, *Kinder~und Jugendhilfe*, 5. Aufl., 2015, § 52 SGB VIII.

的程序，由社会力量主导，包含代表公共利益的学校、社区与安置机构等，发挥执行处遇方案的职能。①

其一，主体关联的"双重环形"。在审判阶段，少年法庭的法官既决定法律事项、事实事项，还引导着程序的发展。相比于传统刑事司法，少年法庭的法官更倾向于将自己类比为"父亲角色"。基于国家亲权的考量，法官会在缓刑官的辅助下，对未成年人的最佳利益作出判断。同时，法官所主导的法庭也会限制相互对抗的两造，促使控辩双方主动配合。②当然，在诉讼协作构造中，最为显著的体现仍在于社会力量的加入。因此，代表社会力量的缓刑官，作为法官的得力助手，与控辩双方一道，成为"内在"环的组成部分。"内在"环居于审判阶段，与作出裁判的法官密切相关，从而直接影响程序进行；"外在"环处于广泛的社会维度，由于不直接参与审判，只能通过缓刑官传递相应信息，从而间接影响程序进行。（各主体间关联可见图1）

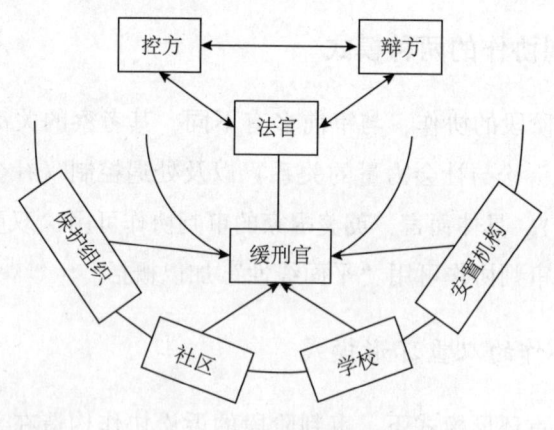

图1　各主体之间的关联

其二，处遇控制中的"双重环形"。在审判阶段，特定处遇方案，不

---

① Swart S. L., The Power Model of Juvenile Justice, 5 *Southern Journal of Criminal Justice*, 1980, p. 84.

② G. Larry Mays & L. Thomas Winfreejr. Juvenile Justice(3rd ed.), *Wolters Kluwer Law & Business*, 2012, p. 152.

仅要实现未成年人的最佳利益,还要满足对社区安全的保障。一般而言,法官会在两个维度相对一致的情况下,赋予特定方案以法律效力。因此,诉讼各方在审判阶段尽早达成一致意见,对合理的处遇方案尤为重要。以美国宾夕法尼亚州为例,在法庭作出裁决之前,特定主体可以申请暂停程序,并通过协商得到一致的处遇方案。[①] 在这一过程中,控辩双方代表司法面向,缓刑官代表社会面向,综合权衡保护社区、惩戒犯罪以及回归社会等诸多因素,最终由法官在其职权范围综合考量。[②] 当然,处遇方案的设置必须考虑最终的有效执行,此时,审判阶段的"外在"环发挥作用。"外在"环以法庭为中心,包含公共(私人)的、非强制性的社会机构(个人),如父母、学校、戒毒所等。少年法庭在裁断相应的处遇内容时,必须通过缓刑官与"外在"环主体进行充分协作,从而提高处遇实施效果。

"双重环形"模式的出现,是未成年人刑事司法中司法面向与社会面向调和的特殊产物。司法面向在坚持司法属性的同时,谨慎引入社会因素,形成"内在"环;社会力量虽强势介入,但也受到程序本身的固有限制,从而产生发挥间接作用的"外在"环。

(二) 协作的平面线性模式

在德国,一旦进入审判阶段,社会因素便难以发挥其实质作用,司法属性占据主导地位。法官在审判阶段具有绝对的控制力,控辩双方与少年法院援助只能发挥辅助作用。因此,德国审判阶段的诉讼协作构造可以用"平面线性"加以概括。(其形态可见图2)

---

① Pennsylvania Rules of Juvenile Court Procedure, Rule 370.
② Pa. R. J. C. P. , Rule 373(A).

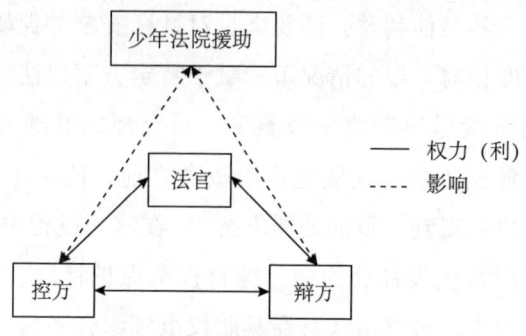

图 2　德国审判阶段的诉讼协作构造

其一,审判协作的主体关联。从"法庭的仆人"到"法庭助手"再到"鉴定者",少年法院援助的专业性不断加强,[①] 并能在法庭上就处遇方案发表独立的鉴定性意见。以儿童福利为目标,少年法院援助强调相对平和的纠纷解决与协作性的处遇探求。基于这一职能定位,少年法院援助在刑事程序中拥有相对独立的程序性权利,如获得信息、参与听审、发表意见的权利,近年来甚至被视为诉讼主体或诉讼协助主体。在审判程序中,少年法院援助会给法官提供详细的关于未成年人人格、家庭、社会等条件的报告,以确保法官在裁判前充分予以考虑。立足社会立场,少年法院援助需要与诉讼各方展开充分的交流与沟通,在特定情况下,还需要参与围绕处遇的讨论,如针对轻罪的转向处遇、罪刑协商等。[②]

其二,审判协作的处遇控制。对于涉罪未成年人,《德国少年法院法》第 5 条规定三种梯度性的处遇方案,分别为教育处分、惩戒措施与少年刑罚。根据该法第 53 条的规定,对于施以教育处分的,必须转交家庭法院审理;对于施以惩戒措施的,可以有选择地转交家庭法院。[③] 换言

[①] Gohde, H., Wolff, Gutachterlichkeitder Jugendgerichtshilfe, in: *Neue Praxis*, 20. Jg., 1990, S. 316ff.

[②] Landesamt für Soziales, Jugend und Versorgung, Empfehlungen für die Mitwirkung der Jugendhilfe in Jugendstrafverfahren in Rheinland–Pfalz, *Beschluss des Landesjugendhilfeausschussesvom* 14. Dezember 1998.

[③] 家庭法院的处理程序是一种非刑事化的司法程序,因其不在本文的讨论范围之内,故在此处不具体展开。

之，只有科以少年刑罚的，才必须由少年法院根据正式刑事审判程序加以处理。但是，恰恰针对前两种相对轻缓的处遇措施，方更能体现社会因素介入之必要。如此一来，在正式程序中，处遇内容基本上是在刑事司法框架下展开，社会因素的影响难以得到充分体现。尽管如此，该法第54条第1款仍要求，法官在作出裁判时必须充分考虑未成年人的心理、精神与生理特征。可见，针对处遇内容，少年法院援助的职能被压缩至对未成年人个体情况的评估，而无须联结广泛的社会力量。因此，就审判阶段的处遇控制而言，传统的刑事司法视角得到充分强调，社会因素则相对弱化。

"平面线性"模式的产生，与德国刑事司法所特有的理念密不可分，是规范控制得到极大强调的结果。在审判阶段，对未成年人的处遇主要围绕惩戒视角展开，社会因素的体现并不显著。

五、比较与借鉴

相较于域外百余年的发展历程，我国未成年人刑事司法仅走过半个世纪，正式进入法典未满十年，在制度层面无疑还有提升的空间。但实践中，未成年人刑事司法已积累一定的经验，并呈现出一种协作态势。以前述理论框架为参照，我国相关制度发展需要在总结现有经验的基础上，探寻走向诉讼协作构造的发展之路。

（一）审前协作的发展方向

其一，社会因素的发展方向。当前，我国未成年人刑事司法领域的社会支持体系虽已取得一定进展，但相对于协同构造尚有一定差距，其主要体现在如下三点：（1）社会支持的整体发展滞后。在经济落后地区，由于缺乏必要的社会服务机构，司法机关难以链接社会资源，基本的社会需求难以得到满足。（2）社会支持的联动机制缺位。在未成年人刑事司法中，社会资源尚未得到有效整合，社会力量难以共同参与。（3）社会支持的介入不足。实践层面虽已有广泛探索，但规范层面尚未建立长效化的参与机制，难以保证社会支持的长效性介入。

为保障社会力量的有效介入，社会支持体系的完备是最为基本的要求，即做到本体的实质化。社会支持必须推进自身的专业化建设，具体包括社会工作理念的引入、社会工作技巧的引入以及社会工作者的引入。对此，需要通过经费支持、队伍建设，推动专业社会支持体系的整体发展。同时，还要进一步发掘、利用现有的社会资源，如学校、社区以及社会团体等。整合现有的社会资源和推动社会力量的专业化，是社会支持发展的主要方向。在此基础上，再着力于介入的有效化，具体可从介入路径与参与方式两个角度切入。对于前者，需要不断强化社会因素在审前阶段的"嵌入式发展"，例如，在非羁押期间、在附条件不起诉期间引入社会力量进行帮教考察、开展风险评估，等等。[①] 对于后者，社会因素需要在保证充分介入的基础上发挥实质的参与效果。在未来的发展中，需要逐步扩大社会力量在审前阶段的作用以及对转向处遇的影响力：在发展初期，社会力量可以发挥辅助作用，为程序推进与转向处遇提供必要的信息支持；在后期，甚至可以赋予社会力量以召集商谈、主导转处的职能。

其二，转向处遇的发展方向。转向处遇中的协作，体现在适用上的协作与后期处遇中的协作。从这两个角度切入，现有的转处机制存在如下几点问题：（1）转处作出的封闭化。实践中，检察院在作出附条件不起诉之前，往往采用单独听取意见或召开听证会的形式。[②] 由于缺乏规范的明确要求，前者的适用比率远超于后者，极大限制了诉讼各方协作的基本空间，尤其是社会力量的参与。（2）处遇内容的单一化。基于检察机关的单方面主导，处遇内容强调监管与约束，而对未成年人的特殊情况、帮教考察等方面鲜有涉及，从而造成处遇内容惩戒有余而教育不足的窘境。（3）处遇执行的形式化。实践中，检察官本应主导，却可能因

[①] 目前，已有诸多地区沿此方向发展，如上海长宁区的"社工机构帮教"模式、西安的"观护办公室+基地"模式等，具体可参见宋志军等：《未成年人检察制度的改革探索》，陕西人民出版社2017年版，第210~213页。

[②] 杨新娥：《4+1+N：未成年人检察的实践与探索》，中国检察出版社2015年版，第157页。

时间有限而参与不足，参与协助的各方社会力量主体无法形成合力，难以发挥应有的监督作用。

在现有实践经验的基础上，必须进一步强化转向处遇中的协作色彩，尤其注重社会因素在其中所发挥的作用。首先，在转向处遇作出之前，需要发挥诉讼各方的协作优势，尤其是检察官与社会力量。要充分形成主体间的协作，听证会程序是相对理想的方式，可以确保社会力量的有效参与以及诉讼各方的充分沟通。其次，在处遇内容上，检察机关在建议司法惩戒的基础上，需要充分引入社会因素的作用，强化社会力量的影响力，甚至可以由其直接设计相应的处遇手段。最后，针对转向处遇的执行，其本身"社会化"的属性决定着其必然是一个多方主体共同参与和互动的过程。对此，在转向处遇之后，需要明确相关主体的监督考察职能，形成沟通与交流常态化的"监督考察小组"，并定期召开相应的监督考评会议，联合社会力量开展社会性的教育矫治措施等。只有在各方协作的基础上，方可对未成年人作出适当、合理与有效的处遇手段，达到惩戒与帮教的平衡。

(二) 审判协作的发展方向

在我国，未成年人刑事司法的审判阶段与传统刑事司法相差无几。尽管如此，实践中不断兴起的"圆桌会议""社会调查"等，都是协作的萌芽。沿循这一发展，审判阶段需要不断强化社会因素的参与，并在实体处遇上实现突破。

其一，社会因素的发展方向。社会调查在我国经历了曲折的发展道路，自1984年上海市长宁区人民法院少年法庭首先尝试探索并推向全国，截至目前，已在我国未成年人刑事司法领域落地生根，并被明确纳入规范层面。但是，这一制度的实践运行整体不尽如人意，主要存在如下三点问题：（1）适用范围仍受限。基于规范层面的"可以型"表述，实践中各地方对适用范围的把握存在偏差，大部分地区主张部分适用或自由裁量，从而导致适用率偏低。（2）调查主体不确定。对于社会调查主体,实践中存在"委托社工""委托司法所""自行调查"三种类型,不仅不统一,且面临专业性的质疑。(3)调查内容未界定。虽然规范层面业已作出相对具体的界定,①但各地实践不一,甚至在不同阶段呈现不同的内容。

就我国现状而言,如何扩大社会调查的适用范围、确定调查主体、界定调查内容显得尤为重要。对此,需要首先秉承"全面适用论",即对所有未成年人一概进行强制性的社会调查。针对调查主体,最为理想的状态无疑是委托社工组织开展,在特定情况下为方便调查,也可以通过基层司法所进行。当然,考虑到部分地区的社区建设相对滞后,完全委托社工组织并不可行,也可由司法机关自行调查。最后看社会调查内容。社会调查要对实体处遇产生实质影响,应当围绕两大维度展开:第一为风险性因素,即个体、社会及历史情况;第二为保护性因素,即心理性格、社会关系、回归社会的条件等。专门机构可在国家层面颁行相应的社会调查范例,供实践参考。在调查过程中,调查人员可以参照范例,并根据特定未成年人的具体情况细化内在的变量。

其二,实体处遇的发展方向。我国现有的实体处遇显然存在不足,主要体现在种类单一与协作不足。我国目前针对未成年人的实体处遇仍以刑罚惩戒为主,且种类过于单一,无法充分发挥各方协作的优势。司法实践中,虽然存在"圆桌审判"的广泛试点,但无法完全体现协作的实质。

要实现惩戒与教育相结合,必须采取各方参与、目标同一与多方合力的协作机制。作出实体处遇,需要形成一套开放化的处遇决定程序,其关键在于各方意见的自由表达与实质讨论。在理想化的处遇程序中,控、辩双方在场,监护人、学校、社区代表、专业社工均需参与,各方以直接、言词的方式对处遇内容发表意见。在此基础上,法官综合各方意见、考量执行条件,裁量作出最终的处遇方案。另外,要使实体处遇

---

① 《未成年人刑事检察工作指引(试行)》第三十六条规定,社会调查主要包括个人基本情况、社会生活状况、与涉嫌犯罪相关的情况及认为应当调查的其他内容。

满足多元需求，必须对应多元化的处遇类型。对此，可以借鉴域外的教育处分措施，通过机构安置、强制教育等手段，丰富处遇形式。退一步讲，纵使增加新型处遇方式过于困难，也可以充分利用现有的刑罚或执行方式。例如，在对未成年人优先适用非监禁处遇的基础上，重视管制刑的适用或缓刑的执行方式；在处遇决定作出后，法官可以附加特定的要求或禁令，以此促进对未成年人的规训与教育。通过处遇方式的多元化，为诉讼各方创设协作空间，从而达到实体处遇的实质化。

【改革探索】

少年审判的探索创新与工作展望

上海市长宁区人民法院课题组[*]

少年儿童是祖国的未来，是民族的希望。为此，习近平总书记强调，"全社会都要了解少年儿童、尊重少年儿童、关心少年儿童、服务少年儿童，为少年儿童提供良好社会环境"。至 2019 年，我国少年法庭已成立 35 周年。1984 年上海市长宁区人民法院创立了我国第一个专门审理未成年人刑事案件的合议庭以来，少年法庭经过 35 年的筚路蓝缕，取得了举世瞩目的成就，积累了不少宝贵经验，形成了相对独立的少年审判工作体系，建立了专业化的少年审判法官队伍，在预防和矫治未成年人犯罪、维护未成年人权益、保护未成年人健康成长等方面发挥了重要作用。

当前，少年审判工作"面临全面依法治国和全面深化司法体制改革浪潮的洗礼"，发展遇到新的情况，既有新机遇，更有新挑战。应当说，少年审判改革已经走到关键的十字路口，既要鼓励基层的探索创新，也要加强顶层设计，统筹立法、司法、行政及相关社会团体、机构的一体化发展；既要考虑少年审判的功能定位与未来发展模式，又要统筹与其

---

[*] 课题组成员：米振荣，上海市长宁区人民法院党组书记、院长；孙海峰，上海市长宁区人民法院审监庭副庭长；王建平，上海市长宁区人民法院原少年家事综合审判庭庭长；李旭颖，上海市长宁区人民法院审监庭法官助理。

分工：米振荣负责课题的整体组织推进；孙海峰负责具体推进课题完成，牵头任务分工、终稿修改、通稿把关工作；王建平负责对课题提供专业指导；李旭颖负责稿件的初步撰写和后期校对工作。

他领域改革的协调推进。这些问题能否妥善解决，直接关系到我国少年司法制度改革的进程。对此，本课题以我国少年法庭35年发展历程为基础，对少年审判的理论基础、历史沿革及当前实践进行全面梳理、深入分析，并在此基础上展望少年审判的未来发展路径。

一、理论、历史和比较：少年审判三个维度的考察及借鉴

少年审判工作具有重要且独特的司法价值，其发展蕴含了国家亲权论、少年无辜论、少年权和恢复性司法等深厚的理论基础。从国际视野来看，少年审判有上百年的实践历史，已在世界范围广泛展开，法治发达国家和地区率先建构了相对全面的法律体系、丰富的福利体系、独立的审判机构和多样的特色制度。这些理论基础、历史沿革、制度内涵需要进一步的系统梳理和认真借鉴。

（一）少年审判的理论视野考察

1. 国家承担最终监护责任——国家亲权论

"国家亲权"一词源自拉丁文"parents patriae"，也被译为"国家父母""超级父母""终极监护人"。国家亲权论最早可追溯到罗马法时期国家对公民所承担的保护义务。这一概念强调未成年人不是家长的私有财产，而是国家的未来资产，国家对其成长负有最终的责任。根据"国家亲权"法则，政府和国家对未成年人负有监护、教育的责任，并承担维护其最佳利益的使命，是未成年人的最终保护者。这一理论是创立少年司法制度的首要基础性理论。通常认为，国家亲权理论包括三方面的含义：第一，国家是未成年人的最终监护人，应当积极介入未成年人的照顾、教育、矫正等事务。第二，国家亲权超越父母的亲权，即便未成年人父母健在，但是如果未成年人的父母缺乏保护子女的能力或者不履行监护自己子女的义务，国家就可以超越父母的亲权，通过强制性替代承担起教育未成年人的责任。第三，强调未成年人的最佳利益，国家在充当未成年人的"父母"时，应该秉承未成年人利益最大化的原则。通

过少年审判,承担"教育、挽救"责任,是国家亲权理论的重要体现之一。从国家的视角、站在国家的立场、代表国家的关怀,帮助偏离正常成长轨道的未成年人回归家庭、回归社会,健康成长,这是设立少年法庭和少年审判工作的初心,也是对国家亲权理论的最好诠释。

2. 少年特性宜教不宜罚——少年无辜论

少年无辜论,也称为少年宜教不宜罚理论,在司法实践中演化为少年审判的寓教于审原则,强调在审理未成年人案件时,应该感化、教育、挽救未成年人。① 这一理念认为,由于未成年人同成年人相比,不论是心智的成熟度还是对事件的判断能力都有所欠缺,对于未成年人犯罪,在处理方式上宜教不宜罚。少年宜教不宜罚与我国传统文化中的体恤少年的思想相同,都体现了对未成年人的宽宥和保护。少年审判对未成年人不是一判了之,也不是重在体现对罪犯的惩罚,更不是一概不罚,而是根据不同未成年人心智特点和人格特性,为其制订符合具体情况的教育矫正措施,使其得以健康成长。少年法庭的工作重点是教育,而不是惩罚,"宜教不宜罚"的理念自少年法庭成立开始就贯穿少年法庭的发展始终。

3. 从一般预防到儿童福利政策——儿童权理念

20世纪初,社会各界逐渐认识到:少年(包括儿童)应有其"本身"而且"优越"的"社会地位",国家行政及立法均应当保护少年儿童的权利。这一认识形成了"儿童权"思想并进一步发展成为"少年权"。在司法领域预防主义的观点基本成型的基础上,少年立法与少年审判制度的基本原则逐渐成形:对少年犯罪的评价和衡量,要立足于少年特殊的心理和生理特点,其与成人有着根本区别,不能以成人的标准去衡量少年犯罪行为及其行为产生的后果,也不能仅仅以"减轻"原则为满足。并且,"防止少年之犯罪,除事后之处理及矫治工作之外,事先之防制工作亦属至要,以言少年犯罪之防制,少年儿童之福利问题,首应

---

① 马柳颖:《未成年人犯罪刑事处遇制度研究》,知识产权出版社2009年版,第156页。

加以注意。"基于此，相关制度向前延伸，少年权益保护、少年福利政策被纳入少年法的范围。

4. 从注重惩戒到强调回归——恢复性司法理念

恢复性司法理念认为，与传统刑事制度由国家代替受害人对犯罪行为人施以惩戒不同，在少年审判中，司法应当强调给予犯罪行为人弥补、悔过的机会，通过和解的方式，深层次化解原被告之间的矛盾，形成预防为主、恢复为辅的司法保护体系，最终恢复被扰乱的社会秩序，同时平衡国家、受害人、犯罪人三方的利益。在少年家事审判改革中，应以教育、引导代替刑罚、惩戒，减少司法给未成年人造成的二次伤害，帮助其修复受损的社会关系，回归正常的成长轨道，促进少年司法和社会稳定发展的良性互动，整合司法、行政与社会多个维度的资源，从而更有效地建立起保护未成年人利益的屏障。

（二）少年审判的历史视野考察

1. 少年法庭的起源

少年司法制度起源于美国，以1899年《伊利诺伊州少年法院法》和少年法院的出现为标志。在美国少年司法史上，少年司法从传统刑事司法中普遍分离的运动被称为"少年法院运动"。少年法院运动的特点是全美范围内少年法的制定和少年法院的设立。少年法院事业先驱们对于少年保护事业的热情、执着使得少年法院创立之初就得到了其他州以及美国以外其他国家的广泛关注和模仿。远在东亚的日本也受到这场运动的影响，主动谨慎地采纳了美国"国家亲权"理念。随着美国少年法院的影响席卷全球，中国对少年法庭的认识也开启了序幕。

19世纪末20世纪初，通过国际会议的影响、国际组织的推动，国外少年司法的最新理论传入中国，虽然其影响范围并不广泛，但当时清末修律的重要官员，如沈家本、许世英和董康等作为最早接触到国外少年司法制度的先进知识分子，已在积极倡导相关的司法实践。学者和官员们、留学生们由内往外的学习和发现，成为少年法庭创设的重要源泉。

随着国外少年司法思想的引入，少年司法的实践尝试在中国迅速展开。

2. 少年法庭的创设

在南京国民政府成立之初，在少年犯罪激增的背景下，少年犯罪问题引起了法学界的关注。① 少年法庭的筹设中，得到来自司法系统内部的积极推动，早期对其进行研究论证的主要是具有官方背景的法学家。并且，这些法学家都认识到，少年司法作为一个整体，其中少年法庭的设立与少年感化院、少年监狱的设立是密不可分的，可见当时就树立了基本的少年儿童特殊保护和全面保护的原则。

1948年，近代第一所少年法庭在南京地方法院试办。在当时，颁布了民国少年法庭最早的规范性文件《少年法庭设置计划大纲》及《少年法院组织计划大纲》，对少年案件的管辖、少年法院及法庭设置、法官选任、审判程序及方法、感化教育方法选择、监狱相对的禁止使用等内容进行了规定。以"设立少年法庭的目的，是要帮助这些不幸的，或犯罪的少年，取得适当的教养，改恶为善，有机会养成善良的公民，替国家服务"的先进理念为引导，近代少年司法事业正式开启序幕。

(三) 少年审判的比较视野考察

20世纪80年代后，英美等国的少年司法政策发生了重大的变化，许多学者在对少年司法的演变规律和理论基础进行思考之时，提出更深入的见解。"基于对矫正效果的失望，一些学者提出了预防性政策，即反社会人格在人生早期就开始形成，因此改善对儿童之教养和福利，是预防少年犯罪之根本。"由于各个国家少年法庭发展的不均衡，对于少年法庭的研究也是有所不同的侧重。例如，美国主要是侧重于立法方面的研究，各个州通过不断探索新的立法机制来预防未成年人犯罪。而英国则是注重扩大少年法庭审理案件的范围以及将惩罚和教育相结合，德国的学者

---

① "近世文明各国除各级法院外，尚有幼年法院之设立，良以幼年犯罪多缘于智识，未充所施之制裁，应以感化为主，故其裁判机关自应与一般法院有别，现司法院长王宠惠氏有鉴于此，拟于国内创立此种制度，已饬令秘书处起草幼年法院各种条例。俟呈缴政治会议核准后即着手成立云。"参见《司法院拟设幼年法院》，载《法律评论》1929年第31期。

则是通过设置福利机构和加强对少年福利机构方面的研究来预防未成年人犯罪,日本则是侧重于同家事审判相联系。

1. 各国(地区)少年审判特点

以"国家亲权"为少年司法主要理念的美国,早在1899年就通过并颁布了世界上第一部《少年法庭法》。1945年,美国所有的州均通过了对未成年人进行保护的相关法律,少年法庭制度司法体系正式在全美形成。美国少年法庭的建立,开创了针对未成年人保护的司法先例,为更好地预防及治理未成年人犯罪提供了具体的实践经验。

美国少年审判机构大体可以分为独立建制的少年审判机构——少年法院、非独立建制的审判机构——少年审判庭两种类型。在少年审判机构组建过程中,吸纳了有助于少年法庭审判的法庭组成人员,除了固定的经过专门培训的法官以外,还有具备法律职业资格、受法官指派处理案件的仲裁员,以及负责庭前调查和儿童监管的少年服务官和缓刑官,还包括学生劝导员、警察以及普通市民的参与,通过多元化人员的吸纳,可以更有针对性地实施未成年人教育、矫正工作,使其更快地重新融入社会生活中。

从收案范围来看,美国的少年审判机构所受理的案件类型可以分为少年越轨、少年身份犯和少年保护案件。少年越轨案件指构成刑事犯罪的少年案件,少年身份犯案件指逃学、不服父母管教等有陷入危险境地的犯法行为,少年保护案件指因父母虐待、无家可归等原因,而使少年儿童陷于危险境地的案件。美国并没有设立少年法院或者少年法庭的前置机构,所有涉少案件均可由执法机关、父母或者其他个人和机构向少年法院或者少年法庭提出诉请,由少年法院(法庭)根据具体情况予以适当的处遇措施,处遇措施尽可能符合少年的矫治、社会生活及康复的需要。[①] 英国的少年司法以"福利主义"为主要理念,以司法、政府和社会专业机构的共同协作为特点。英国的少年审判体系除了独立的审判机

---

① 高维俭:《美国少年审判机构现状概览——兼谈我国当前少年审判机构改革及其相关问题》,载《青少年犯罪问题》2010年第2期。

构——少年法庭之外，还设置了青少年犯罪组织。青少年犯罪组织可以对一些有犯罪倾向的青少年，进行早期的观察与介入，更有针对性地进行教育、感化工作，减少和预防未成年人犯罪行为。[1] 这表明英国的少年司法除了有针对已经犯罪的未成年人的教育、感化及惩罚措施以外，还有较为完善的预防措施。

此外，就受案范围来看，英国的少年法庭除了对未成年人犯罪刑事案件进行管辖外，对于无家可归的乞讨儿童、受学校处罚以及缺乏父母管教等"处于危险中的儿童"也会进行管辖，管辖依据为这些行为有可能影响未成年人发展，可见英国的涉少审判具有一定的福利性。[2] 此外，英国涉少案件的审判人员除了具有一般的审判经验之外，还需要具有较强的未成年人审判专业性，这是最全面保护原则的体现，其目的是最大限度地保护未成年人。

德国早在1923年就颁布了《少年法院法》，并于2000年修订，从审判组织、实体处理、程序规定各方面明确了少年案件处理流程，以此为基础在各州普通法院下设专门的青少年法庭，并形成具有特殊处理程序、以"教育和纪律性"制裁为主的少年审判制度。[3] 在德国，各州政府都必须建立以当地政府为中心的未成年人服务机构——未成年人福利所及青少年联合会。通过设立未成年人福利所，政府一方面可以对未成年人进行保护，另一方面还对一些关于未成年人的轻微违法案件进行指导。通过设立青少年联合会，各州政府可以处理福利所无法解决的问题。青少年联合会由警察及司法体系人员等较为专业的人员组成。以未成年人福利所和青少年联合会为基石，德国的未成年人司法探索之路不仅保护了未成年人权益，更为德国少年法庭制度的发展奠定了理论与实践基石。由社会福利机构前置地处理未成年人犯罪问题，体现了未成年人司法保护的特殊性和惩罚的教育性，更有助于帮助未成年罪犯认识到自己的错

---

[1] 肖建国：《恢复性司法与中国少年司法制度建设》，载《青少年犯罪问题》2007年第4期。
[2] 刘拥军：《少年司法制度比较与启示》，载《公民与法》2011年第7期。
[3] 参见黄河：《反思与前进：少年审判机构设置改革方向和路径研究》，载《北京政法职业学院学报》2018年第4期。

误以及认真地改正错误。

此外，德国政府制定了《青少年福利法》，将保护范围扩张到生活有困难的未成年人，并规定了儿童受教育的权利以及家庭教育在学前教育中的优先地位。该法案基本上定下了现代德国学前儿童教育的基调，即把学前儿童的教育视为青少年事业，并划归青少年部门管辖。即使生活困难的少年儿童也享有国家给予的受教育权利，通过教育来减少少年儿童的犯罪率。《青少年福利法》对战后联邦德国学前教育和少年司法的发展产生了重要影响。

日本现行少年审判制度以1948年全面修订的《少年法》为中心，以保护主义为基本理念。就受案范围来看，所有的未成年人违法犯罪案件、被害人为未成年人的犯罪案件、未达到刑事责任年龄的触法行为和未达到犯罪构成要件的虞犯行为，以及婚姻家庭纠纷等民事案件均由家庭裁判专属管辖。"家庭裁判所的法官对于未成年人犯罪案件的处理采用'双轨制'模式：法官对于检察官移送起诉的案件，可以优先选择给予保护处分还是给予刑事处罚。保护处分包括保护观察、移送儿童自立支援机构或儿童养护机构、移送少年院等三种措施。保护处分相当于刑罚的一种替代，只有在万不得已的情况下，法官才会选择适用刑罚。"[①] 考虑到检察官的追溯性和未成年人司法的保护性，在案件移送制度方面，日本家庭裁判具有受理案件的优先权，被称为先议权，由家庭裁判所主导的司法审判程序又被称为少年保护司法程序。

此外，日本少年司法的一个特点在于设立调查官制度。家庭裁判所受理少年案件后，对于是否需要对某一涉少案件进行庭审，法官都会要求调查人员对该未成年人的家庭状况、学习状况、成长、经济等情况进行调查。一般来说，法律调查由法官自己进行，社会调查则由专业的调查官进行，而身心鉴别调查则由少年鉴别所进行。通过三个机构的调查形成较为完整的调查报告。家庭裁判所根据调查报告，对涉案未成年人

---

① 黄河：《反思与前进：少年审判机构设置改革方向和路径研究》，载《北京政法职业学院学报》2018年第4期。

的犯罪危险性、矫正可能性以及保护相当性等方面进行综合考虑后作出是否需要庭审的判断。未成年人社会调查报告制度在日本少年司法制度中发挥的作用较大，法官甚至可以依调查报告内容来直接终结案件。调查制度体现了日本少年法"保护主义"的基本理念，有助于违法犯罪少年的教育和矫治。

2. 少年审判发展经验的分析和借鉴

不论是英国的"福利主义"、美国的"国家亲权"、还是德国的"以教代刑"、日本的"保护处分"，都是独立、特殊少年审判理念的体现。以美国为例，其就少年法庭制度制定了专门的《少年法院法》，明确少年法庭的组成、设置等方面以有别于普通法庭，不论是在审判阶段或者是前置阶段，均将独立、特殊的理念贯穿始终。在这些独立的审判理念引导下，少年审判的特殊价值才逐渐体现，有利于进一步促进少年审判的改革发展，更好地保护未成年人的权利。

不论是建立独立的少年法庭还是福利所，或者组建独立的涉少案件审理和未成年人犯罪预防、教育机构，都应当以独立的机构、程序、法律为基础，以对未成年人福利、保护或触法事件的甄别、诊断、处置为独立的工作内容。如美国和日本，分别通过设立少年法院和家庭裁判所，使涉少案件审判相对独立于普通法院，通过一个全新的庭审机构、适用一套全新的规制办法，来凸显未成年人保护的特殊性和全面性。

基于未成年人心智不成熟、可塑性大的特点，国外少年审判机构在一定程度上扩大对其保护和干预的范围，将儿童抚养、教育过程中发生的儿童福利事件纳入少年司法保护范畴，同时加强儿童不良行为的前期甄别和后期矫正，这有利于未成年人权利保障、有利于脱离正常发展轨道的未成年人尽早回归家庭和回归社会，达到良好的法律效果和社会效果。在这方面，不同国家的做法各具特色，如德国将14周岁以下有不良行为的儿童交由社会管理局处理。此外，日本将未满14周岁的触法少年和虞犯少年先通报至儿童商谈所或福祉事务所，已满14周岁的虞犯少年先由警察予以甄别,再选择性地移交法院。① 日本建立的对涉案少年的社会调查和身心鉴别调查制度,也充分体现了现代刑罚的个别化原则,凸显了少年司法保护的特殊性原则,更有利于保护少年和预防犯罪。日本通过《少年院法》《少年院处遇规则》建立了专门收容被家庭裁判所予以保护处分、受刑并接受矫正教育的专门机构,对其种类、人员配置及职责、矫正教育、卫生及诊疗等作出具体规定。对于未成年人犯罪,要加大涉少案件延伸工作,对他们的生活、学习以及家庭情况都应当及时地予以了解,可以开展相应的心理辅导。相关机构要及时与少年法庭进行沟通,了解该未成年人的基本情况,与少年法庭做好衔接工作,处理好法庭之外的后续事务。②

二、探索创新、工作成效、问题分析:我国少年审判工作的阶段性总结

自1984年10月至2019年,我国少年法庭从创立到创新、发展,经历了35个不平凡的春秋,审判职能不断扩大、审判理念逐渐明晰、在刑事、家事审判方面积累了丰硕的经验和成果,相继产生了法庭教育、回访考察、圆桌审判、诉讼引导、合适成年人、社会调查等一系列制度创新,被誉为人民法院审判工作的"一块温馨的园地,一片希望的沃土,一面鲜艳的旗帜"。如今,走过而立之年的少年审判面临机遇和调整,已有的经验需要进一步全面总结,存在的问题需要进一步深入剖析。

(一) 我国少年审判的整体发展历程和工作成效

1. 我国少年审判发展的五个阶段

党的十八大以来,以习近平同志为核心的党中央把促进少年儿童事业发展放在更突出的位置,不断推进理论创新、制度创新、实践创新。

---

① 王馨诩:《依法治国背景下中国少年司法制度展望——以日本少年司法制度为借鉴》,载《法制博览》2018年第27期。
② 方芳:《我国未成年人监护制度存在的问题及建议》,载《中国民政》2015年第10期。

最高人民法院历来高度重视少年法庭工作，多次强调"少年法庭工作只能加强，不能削弱"，要求"加强少年司法，保护未成年人健康成长"，完善"圆桌审判"方式，挽救失足未成年人。

总体而言，我国少年审判工作遵循"儿童利益最大化"国际准则，秉承"特殊、优先"保护理念，确立"审判为主线、预防为重点、保护为目标"工作方法，从少年刑事审判向涉少刑事、家事综合审判方向发展，大致可分为五个阶段。①

少年法庭初创阶段（1984—1988年）：1984年10月，上海市长宁区人民法院成立我国第一个少年法庭。1988年5月，最高人民法院在上海召开全国法院审理未成年人刑事案件经验交流会，明确提出"成立少年法庭是刑事审判制度的一项改革，有条件的法院可以推广"。此后，少年法庭在全国各地纷纷建立。1988年10月，全国第一个较为完整的《未成年人刑事审判工作细则（试行）》出台，对少年法庭受案范围、社会调查、庭审程序、法庭教育、回访考察等作出规定，努力促进少年审判创新工作规范化。

少年法庭迅速发展阶段（1989—1994年）：1991年1月，最高人民法院制定下发的《关于办理少年刑事案件的若干规定（试行）》，规范了全国法院审理未成年人刑事案件的办案程序，确立了少年刑事案件审判活动的基本原则，促进了未成年人保护工作的开展。截至1994年年底，全国法院组建少年法庭3300多个，成立独立建制的少年审判庭80多个。

少年法庭撤并减少阶段（1995—2004年）：由于最高人民法院关于少年法庭的发展思路发生变化及1997年《刑事诉讼法》的修订，少年法庭的审判机构和审判人员大幅度缩减。到2004年年底，全国少年法庭机构数量进一步减少到2400个左右。②

少年法庭重新发展阶段（2005—2009年）：2006年，全国法院第五

---

① 参见刘瑜：《少年法庭：三十而立再出发》，载《浙江人大》2018年第1期。
② 刘瑜：《少年法庭：三十而立再出发》，载《浙江人大》2018年第1期。

次少年审判工作会议拉开了全国范围内少年审判改革的序幕,最高人民法院启动了首批部分中级人民法院设立未成年人案件综合审判庭试点工作,综合审判模式被重新纳入改革日程。

少年法庭全面深化改革阶段(2010年至今):最高人民法院对少年审判相关工作高度重视,2016年,最高人民法院开展为期两年的少年家事审判改革试点工作,多个省份广泛建立起少年家事审判庭,少年审判工作开启新的改革历程。2018年,最高人民法院在北京召开全国法院少年法庭改革方向和路径研讨会,中央国家机关、全国各高院、部分中基层法院同志以及高校、科研机构的专家学者等近200人参加会议。全国法院在立足少年审判职能定位的基础上,推进少年法庭建设、加强少年审判工作,全面维护未成年人合法权益,依法审理各类涉未成年人案件,积极探索并拓展少年法庭受理案件范围。在总结理论和实践经验过程中,坚持少年审判专业化方向,巩固改革成果,积极探索能充分体现中国特色社会主义制度优越性的少年司法发展之路,在不断加强少年审判机构和队伍建设的同时,进一步推进少年法庭队伍正规化、专业化、职业化建设。

在最高人民法院的总结和推广下,全国各地法院自下而上地进行了各具特色的探索,包括少年刑事审判庭、未成年人案件综合审判庭、少年家事审判庭、未成年人刑事案件专项合议庭等,为健全完善少年审判机构的设置作出了有益探索,有力推动了少年审判工作的创新发展。

2. 我国少年审判取得的工作成效

我国少年审判35年来,始终坚持"特殊、优先保护"司法理念,全面落实"教育、感化、挽救"方针、"教育为主、惩罚为辅"原则以及"寓教于审"工作方法,以促进未成年人健康成长为根本目的,全国法院依法公正高效审理了大量涉及未成年人的刑事、民事、行政案件,教育挽救了一大批失足未成年人,有力保障了涉诉未成年人的合法权益。同时,坚持立足司法职能和主动延伸服务并举,"探索出一条具有中国特色、法理与情理交融的少年审判之路,积累了一些可推广、可借鉴、可传播的宝贵经验",取得了良好的法律效果和社会效果。目前,最高人民法院在研究室设立少年法庭工作办公室,高级法院层面北京、甘肃、河南等少数法院成立了少年审判庭,全国四级法院共设立少年法庭2300多个,其中包含合议庭1000多个。

其中,作为我国未成年人司法的发源地,上海法院始终高度重视未成年人司法保护工作,为少年司法探索一条有上海特点、时代特征和中国特色的少年审判工作之路,积累了许多可复制、可借鉴的宝贵经验。一是依法审慎审理未成年人犯罪的刑事案件和涉少民事案件,在高质量完成办案任务的基础上,形成了一批在全国有影响力、有参考价值的涉少典型案例。近几年来,上海市未成年人犯罪案件量逐年下降,2015年至2018年,未成年罪犯人数分别为572人、353人、349人和259人,占全部罪犯总数的1.55%、1.06%、0.957%和0.729%,防控未成年人犯罪取得初步成效。二是坚持改革创新,不断探索符合儿童身心发展特点的审理方式和工作机制,如社会调查、合适成年人参与刑事诉讼、社会观护、心理干预和轻罪犯罪记录封存等,或从上海孕育、诞生,或在上海规范、成熟,成为完善少年立法和制定少年司法解释的主要来源和素材。三是积极探索运用司法手段为未成年人营造良好环境,形成了少年司法一条龙和社会帮教一条龙的工作制度,为未成年人健康成长提供有力司法服务和保障。四是重视少年审判队伍的配备和培养工作,把一批审判业务能力较强、综合素质高、热爱少年审判工作的审判骨干充实进少年审判队伍,推进了少年审判机构和队伍专业化建设。

此外,上海法院系统在2018年少年家事审判工作调研座谈会上,就打造专业化团队、调动少年家事审判工作积极性、凸显少年家事审判特色亮点工作和加强少年家事审判研究、解决家事财产查证难题展开积极讨论。上海市高级人民法院在《2019年上海法院工作要点》中明确指出,要加强未成年人司法保护与犯罪预防,完善社会调查、法庭教育、轻罪犯罪记录封存、社会观护等少年审判工作机制,加强与共青团、妇联、司法局等单位以及群众组织的合作,加大教育帮扶力度,深入开展

"困境儿童陪伴计划"试点，保护未成年人合法权益。各基层法院积极探索特色制度，例如，上海市静安区人民法院积极探索家事审判机制创新，将家事审判与少年审判结合起来，从而推动家事审判与少年审判协同发展，切实发挥家事审判在维护婚姻家庭稳定、依法保护未成年人、老年人和妇女合法权益方面的作用，创立了综合庭家事调解工作室，并制定了《家事调解工作操作规程》。

（二）一个具体的切入进路——上海市长宁区人民法院少年法庭的探索和经验

上海市长宁区人民法院未成年人与家事案件综合审判庭（以下简称"少年庭"）在涉少案件审判工作中，传承少年刑事审判改革经验，坚持家事审判改革创新，2015年10月将涉及未成年人抚养的离婚案件纳入受案范围，走在了全国法院家事审判方式和工作机制改革试点工作的前列。2016—2018年，少年庭共审结涉未成年子女的家事案件1312件，其中2016年为396件，2017年为459件，2018年为457件，案件数量基本保持稳定。根据案由分类，排名前三位的分别为离婚纠纷、抚养费纠纷、变更抚养关系纠纷，其中离婚纠纷占比达73.40%。

2016—2018年，涉未成年人家事案件中适用简易程序审理的为1239件，简易程序适用率高达94.44%，平均审理周期为32.63天。适用普通程序审理的为70件，平均审理周期为166.70天。适用简易程序的案件审理效率较高。

2014—2018年，上海市长宁区人民法院共审结未成年人刑事案件135件16人，其中，未成年被告人刑事案件116件134人，未成年被害人刑事案件19件29人。犯罪类型以侵害财产型犯罪为主，占未成年被告人65.67%，且未成年人网络犯罪初现端倪，具体表现为2017—2018年上海市长宁区人民法院受理利用网上金融交易平台漏洞实施盗窃案件及掩饰、隐瞒犯罪所得案件22件，占这两年审结的未成年被告人刑事案件总数的36.1%。

近五年来，上海市长宁区人民法院审结的未成年人犯罪案件数量先降后升。2014年审结未成年人犯罪案件28件30人；2015年案件数量下降为12件13人；2016年有所上升，审结未成年人犯罪案件15件17人；2017年审结未成年人犯罪案件27件32人；2018年审结未成年人犯罪案件34件42人。2018年7月，根据上海市高级人民法院关于未成年人刑事案件集中管辖规定，上海市长宁区人民法院新增管辖闵行区和松江区的未成年人刑事案件。截至2018年12月，该院审结闵行区、松江区未成年人刑事案件17件21人。除去收案范围扩大等因素外，上海市长宁区人民法院五年未成年被告人刑事案件的数量及涉案人数总体呈下降趋势（见图1、图2）。

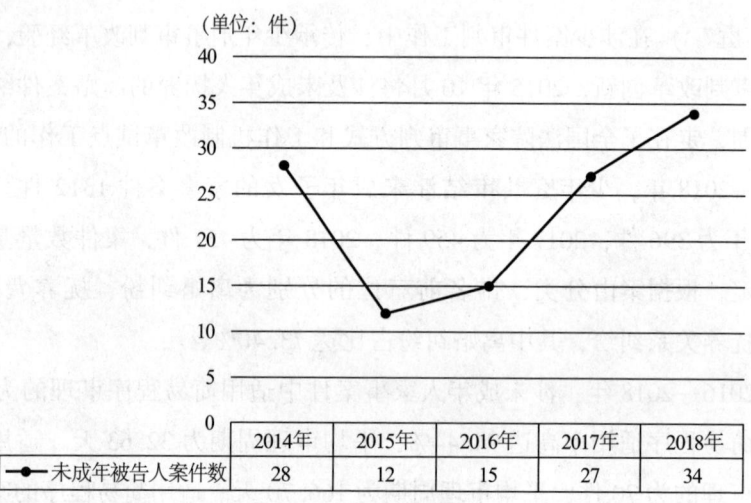

图1　2014—2018年未成年被告人案件数

（三）上海市长宁区人民法院少年审判探索历程

1. 审判职能逐步扩大

1984年，上海市长宁区人民法院创建我国第一个少年刑事案件合议庭。三十多年来，上海市长宁区人民法院不断探索完善有利于未成年人教育、感化、挽救的审判方式、方法和工作机制，形成了未成年人审判的"圆桌会议""一二三四五"工作机制和"二情三心四理"工作方法

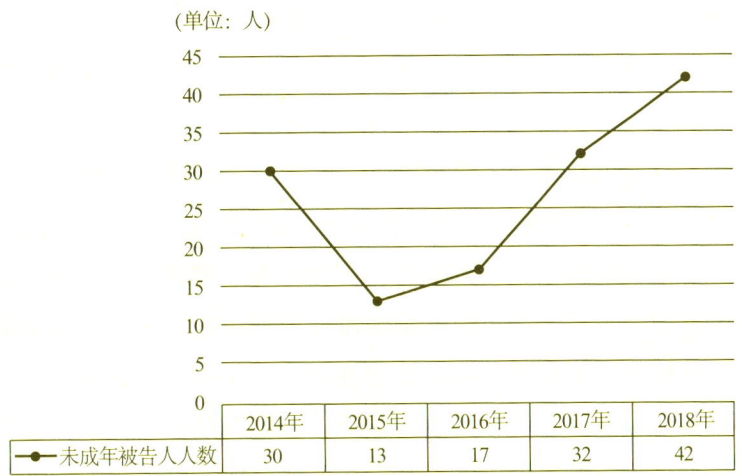

图2 2014—2018年未成年被告人人数

等可复制经验。近年来,上海市长宁区人民法院坚持"儿童利益最大化"工作理念,坚持发展未成年人刑事审判特色工作,积极探索未成年人民事审判创新工作,全面开展未成年人法治宣传教育工作,积极探索合适未成年人参与诉讼、未成年人刑事审判心理辅导、离婚案件中未成年人权益保护工作的制度建设,不断丰富少年审判的"长宁模式"。在35年发展历程中,少年法庭的审判职能逐步扩大:1984年10月,在刑事审判庭内设立"少年犯合议庭",专门审理涉及未成年人犯罪的刑事案件。2006年9月,上海市长宁区人民法院开展未成年人综合审判试点工作,审判职能开始逐渐扩大。2012年10月,上海市长宁区人民法院扩大刑事案件受案范围,开始受理涉及被害人为未成年人的刑事案件。2015年10月,上海市长宁区人民法院扩大民事案件受案范围,开始受理涉及未成年人抚养的离婚案件。2018年1月,按照《上海市高级人民法院关于全面推进家事审判方式和工作机制改革工作的方案》要求,开始受理全部家事案件。

上海市长宁区人民法院自1984年10月成立了全国第一个"少年犯合议庭",在司法实践中认真贯彻"双向保护、少年优先"的司法理念,这既体现在少年审判组织不断独立化、专业化进程中，也体现在"两简"程序、分案审理等改革创新中；既衍生出"寓教于审、注重感化"程序理念，也演化为"教育为主，惩罚为辅"的实体理念，还培育出了"司法一条龙、社会一条龙"的综治理念。在司法实践中，逐渐明晰了"儿童利益最大化""特殊保护""全面保护"原则。在办理未成年人案件中落实这一要求更为复杂，不仅要严格审查证据、准确适用法律，还要始终关注案件中的未成年人，做大量细致专业的工作，更好地保障涉案未成年人合法权益，更有效地教育感化挽救未成年犯罪嫌疑人，保护救助未成年被害人。在遇到疑难复杂问题时，也要以儿童利益最大化原则为指导妥善处理，确保办案质量和效果。

2. 上海市长宁区人民法院少年审判探索经验

1987年11月，上海市长宁区人民法院创设羁押、预审、起诉、审判、辩护、改造的公检法司相配套"政法办案一条龙"机制和综治办、教育、民政、卫生、街镇、共青团、妇联、关工委等政府和社会相关部门相衔接的"社会支持一条龙"机制，探索建立集家庭保护、学校保护、政府保护、社会保护、司法保护和自我保护于一体的未成年人综合保护网络，形成"两条龙"双龙共舞的长效机制，从而带动了全国法院少年审判工作和延伸工作的有效开展，在党委领导、政府支持、院校指导、社会协同、各方参与的未成年人保护社会化工作体系建设中发挥了重要作用。

（1）少年刑事审判改革创新举措。

法庭教育制度。在坚持把好事实关的同时，为了有效增强法治教育的针对性，在案件审理程序中增设根据社会调查情况进行法庭教育阶段。通过特定的法庭教育方式对未成年被告人进行认罪悔罪教育，增强法律意识和道德观念教育，接受处罚和劳动改造的心理承受力教育以及世界观、人生观、价值观教育，促其重新做人。

分案审理制度。对未成年人罪犯的处理应与成年人罪犯有所区别，为此采取两种做法：一是专人办理；二是分押分管。对未成年人的监禁是在与成年人分离的场所执行，案件审理与成年被告人分开进行，案件也由专门人员办理，避免交叉，防止未成年人犯罪信息外泄。

社会调查制度。在刑事审判中实行社会调查制度。对未成年被告人进行庭前社会调查，了解犯罪原因，把握其悔罪表现，使少年审判工作更具客观性、针对性和科学性。坚持调查主体社会化、调查内容公开化、调查报告合法化。

法定代理人出庭制度。在审判区域内增设法定代理人席位，建立了对未成年人健康成长具有不可替代作用的家长即法定代理人出庭制度，发挥其帮助行使诉讼权利和共同开展帮教的积极作用，缓解犯罪未成年人紧张心理。同时注重对法定代理人进行教育，促其履行监护职责，帮助罪错子女重塑人生。

圆桌审判制度。为了营造富有人性化、亲和力的宽松刑事案件庭审环境，使未成年被告人更容易接受审判、接受教育和接受改造，提高庭审效果，2005年10月少年法庭改造法台，重设席位，采取圆桌式审判方式，先后将未成年被告人刑事案件、成年人侵犯未成年人人身权利的刑事案件从普通刑事案件中分离出来，对孩子加以特殊保护，实现了跨越式的新发展。

刑事和解制度。落实宽严相济刑事政策，试行司法处置前非羁押考察和心理评估，开展刑事附带民事诉讼调解，促进被告人积极赔偿，取得被害人谅解直至达成和解协议。总结出"从宽掌握适用范围，从紧掌握适用条件，从严掌握适用程序"的刑事和解"三从工作法"。与此同时，对本地和异地户籍未成年被告人平等适用非监禁刑，有效提高非监禁刑适用率，实现以监禁刑为主向非监禁刑为主的转变，以此探索恢复性司法在少年审判中的适用。

心理疏导制度。通过心理疏导制度，用科学的方法对其进行心理疏导，缓解对抗情绪或心理压力，减少诉讼可能给未成年人带来的心理阴影，使之今后更好地融入家庭和社会。2013年1月起，从双向保护原则出发，对未成年被害人同等适用，给予心理疏导。尤其在少年家事案件中，可促其父母间矛盾化解或者缓解，理性处理涉及孩子的诉讼，避免孩子受到二次伤害，有效防止民转刑案件的发生，让该制度在司法实践中发挥最大效应。

国家救助制度。扩大刑事案件受理范围实现全覆盖。不仅受理未成年被告人刑事案件、未成年人与成年人共同犯罪案件，将成年人侵犯未成年人人身权利的刑事案件也纳入少年法庭受案范围，给予同等保护。在被告人及其他赔偿义务人无力赔偿的情况下，及时、优先开展司法救助，帮助未成年被害人解决基本生活方面的突出困难，使其尽快回归正常学习和生活。

轻罪封存制度。一方面对正在审理的案件落实《刑法修正案（八）》有关未成年人轻罪免除报告义务，另一方面在轻罪案件判决生效后的卷宗上标注"封存"字样，限制公开，通过信息化管理手段，建立并严格执行封存档案查阅分级审批权限管理制度。

帮教矫治制度。协助未成年犯管教所和社区矫正部门做好帮教和矫治管理工作，促使未成年犯真诚接受教育改造，解决异地户籍未成年被告人不具备监管条件而难以宣告缓刑的问题，为其适用缓刑后落实帮教创造良好条件。在宣告缓刑时视情发出禁止令，细化操作规程做到准确和审慎适用，同时采取电子采集信息等措施，提高禁止令适用效果，实现判前各方帮教与判后社区矫治无缝衔接。

回访考察制度。针对判处监禁刑和非监禁刑不同情况，设置不同回访期限，联合未成年犯管教所和社区矫正机构等，采取不同方式，开展回访考察工作，了解判后服刑和改造情况，有针对性做好思想工作。与当地司法行政管理部门或社区矫治机构对接，建立跨部门、跨区域合作机制，为未成年罪犯顺利回归社会创造必要条件，实现一般回访与重点回访的有机结合。

（2）少年家事审判改革创新举措。

绿色通道制度。针对未成年人在民事诉讼中处于相对弱势的普遍情况，2007年1月设立未成年人民事案件立案、送达、审理、执行快速优先办理和相互衔接的绿色通道,努力让通道上每一个环节都有专人办理,帮助涉案未成年人尽快摆脱诉讼纷争,回归正常生活和学习之中。

多元调解制度。探索少年家事法官主导下的家事调查员和家事调解员制度。除婚姻关系、收养关系认定等禁止调解或其他不适宜调解案件之外,少年家事案件引入诉前调解程序,由家事调解员先行调解。调解不成,案件转入立案后诉讼程序,由少年家事法官进行调解,或者由少年家事法官交由家事调解员进行调解。

诉讼引导制度。在部分家事类案件中整合资源,建立诉讼教育引导制度。凡在开庭审理涉及未成年人民事案件时,针对个案具体情况,在法庭辩论结束后,对未成年人父母就法律规定、父母责任、社会道德、亲情等方面进行解释、教育、引导,缓解双方对立情绪,促使父母自觉履行法定义务,并对权益受到侵害的未成年人提供必要帮助。

不公开审理制度。上海市长宁区人民法院单独制定"离婚案件申请不公开审理告知书",与其他诉讼文书一并送达,由当事人选择。变"当事人申请"为"法官主动提示",保护当事人隐私。

社会观护制度。开展未成年人民事审判工作后,为避免未成年人因诉讼受到二次伤害,又便于未成年人充分表达自己的意愿,借鉴社会调查制度引入第三方机构上海市阳光社区青少年事务中心长宁工作站参与诉讼,启动涉少民事诉讼社会观护工作并形成制度。审前社会观护员进社区调查,进学校听取未成年人意见,进家庭做调解工作。社会观护报告在法庭上宣读,并被写入判决书,这对作出符合儿童利益最大化的裁决创造了条件。审后适时进行回访,了解判决履行情况,逐步缓解或化解矛盾。

婚姻冷静期制度。凡婚姻存在危机并未死亡的,在诉讼期间或在判决不准离婚时设置一定期限,要求当事人冷静对待婚姻纠纷,真实反映自己的意愿,避免一时冲动而草率离婚,促使矛盾化解或者缓解。2018年1月尝试在判决不准离婚案件设置冷静期后对双方当事人在6个月内没有新情况、新问题均不得起诉同等适用。

亲职教育制度。联合区妇联等单位开办"为孩子父母学校",每年举办两期,努力修复夫妻情感,挽救婚姻危机,救治问题家庭,促进社会和睦。同时,强调父母监护责任,对失职家长开展监护教育,提高监护能力,让孩子免受伤害,避免当年未成年人犯罪与家庭监护责任缺失原因有关的情形再现,变"威严审判"为"柔和审判",体现司法亲民。

夫妻共同财产申报制度。变"重财产审理"为"重孩子利益",在送达案件受理通知书和应诉通知书时尝试发送"夫妻共同财产申报表",书面告知当事人不如实申报将产生的财产少分甚至不分等法律后果。尝试将涉少离婚案件中涉及公司股权分割纠纷先行予以剥离。避免法官被财产调查等烦琐事务所困扰,将精力关注在孩子身上。

(3) 法治宣传教育创新举措。

在少年刑事、少年家事审判制度创新的同时,建立和完善了法治宣传教育制度,创出新品牌。一是法庭教育与普法宣传相结合。将法庭审理的每一个案件与普法教育、校园法治文化建设、公民道德建设工程紧密结合起来。二是基地建设与预防工作相结合。建立青少年法治教育基地,将成人意识教育活动引入对判处非监禁刑少年犯的预防犯罪工作之中。三是主题教育与安全防护相结合。开展法在身边主题公众开放日活动,组织引导学生开设模拟法庭,举办夏令营活动。四是回访考察与重塑人生相结合。对接未成年犯管教所和社区矫治机构。通过开展回访考察活动,对未成年服刑人员进行世界观、人生观、价值观教育,帮助其重塑人生、重返社会。五是线下交流与线上互动相结合。开通上海法院首个少年法庭微信公众号"菁菁法苑",弘扬少年司法正能量。

(四) 少年审判工作当前面临的主要问题

1. 观念层面的深刻认识还不到位

目前,在司法理论研究和司法实践中,轻视少年司法工作的思想认识仍然存在。具体表现为未成年人法律研究还处于从属地位,不具有独立的学科地位,全国范围专门从事未成年人法律研究的专家学者不多,未成年人法理的深厚内涵和独立性有待更深入的研究。在司法实务领域，依旧存在"少年法庭审判的大多数是未成年人案件，和当前影响社会稳定、关系国计民生的大案、要案相比，对社会的影响较弱"的认识。少年审判的重要性，以及少年法庭开展的大量案外延伸工作及特色工作制度经验，没有得到应有的重视，影响了少年审判进一步深化改革。

少年法庭的工作主要是围绕未成年人这一特殊群体开展，以保护未成年人合法权益、促进未成年人身心健康发展为根本，应当立足于未成年人的年龄特点、心智特点，创造出符合未成年人审判要求的审理模式。而由于当前没有建立起自上而下的统一的组织机构，少年庭的职能定位有待厘清，存在家事审判覆盖少年审判的忧虑。

2. 立法层面的完整体系还不到位

纵观国外，很多国家早就建立了关于未成年人的法律体系。我国当前没有系统的《少年法》及《少年司法法》，而是将对未成年人的特殊保护方法及审理方式散落地规定在《刑事诉讼法》《未成年人保护法》以及《预防未成年人犯罪法》等法律当中。"没有少年的基本法，没有少年特殊的刑事司法刑事法，缺乏实体法、缺乏程序法、更缺乏执行法"。这样的立法现状，使得在实践中审理未成年人犯罪案件时，难以较为周全地考虑到未成年人这一群体的特殊性，不能更加全面地保护未成年人的合法权益。

当前少年审判改革的趋势主要是与审理涉少离婚案件接轨，将家事案件纳入受案范围。① 但把全部家事案件纳入少年审判范畴，则有违少年审判将关注的视角和落脚点聚焦未成年人这一初衷。少年案件和普通家事案件的审判原则、适用法律和侧重角度有所不同，工作重心不同，简单将少年案件和家事案件合并，违背了少年审判的特殊性原则，不利于少年审判的长远发展。另外，未成年人犯罪案件虽然呈不断下降趋势，但以同学间欺凌弱小和敲诈勒索为典型的校园暴力事件，不满14周岁未

---

① 王建平：《聚焦：少年审判改革的方向》，载《上海法治报》2016年6月8日。

成年人实施杀人、强奸等恶性犯罪案件等新闻不时见诸媒体，引起社会强烈反响。目前，已满18周岁不满22周岁的青年人犯罪案件、不满14周岁的未成年人实施犯罪行为以及少年罪错行为并不在少年刑事审判的受案范围。

3. 机制层面的配套推进还不到位

各地区建设发展不平衡。目前，我国少年审判机构设置模式多达6种，包括未成年人案件合议庭、未成年人刑事案件审判庭、青少年刑事案件审判庭、未成年人案件综合审判庭、少年家事审判庭（家事少年法庭）以及跨区域集中管辖的未成年人案件审判庭。全国四级法院中少年审判机构设置还不健全，没有统一和自上而下的规划设计，最高人民法院负责指导全国少年审判工作的部门设置在研究室之下（最高人民法院少年法庭工作办公室），高级人民法院中仅有北京、上海、河南、甘肃四地曾建立独立建制的少年审判庭，各中院、基层法院的少年法庭设置情况不一而足。这不利于少年审判标准的树立和案件裁判的统一。

根据我国关于未成年人犯罪"教育为主，惩罚为辅"的原则以及"教育、感化、挽救"的方针，少年审判工作除了传统的查明事实、审查证据和适用法律等程序，还要坚持维护未成年人合法权益，促进其尽快回归社会。这种特殊性决定了少年审判需要进行大量的案外延伸工作，如庭审前的社会调查、社会观护、法律咨询，庭审过程中的社会调查员或适合成年人出庭、法庭教育，庭审后的心理疏导、回访、救助帮扶等。这些大量的案外延伸工作由于难以被科学量化而未被完全纳入少年庭法官的考核体系，造成了少年审判工作无法得到客观公正的评价，影响了少年庭法官工作的积极性。

少年审判工作离不开公安、检察、司法行政等部门的配合协作，也离不开社会力量的支持。目前，我国已经初步形成以"政法一条龙"和"社会一条龙"为主要内容的少年司法配套协作体系，但各部门之间的配套协作机制还不完善，社会支持力量薄弱，难以形成合力。例如，公安部门内部还没有设立专门的少年警务机构，检察院的未检机构同少年审判机构一样面临被撤销合并的命运。① 一些社区建设相对薄弱，对于已被宣告非监禁刑的未成年人，矫正机构难以真正履行对他们的监管、帮教义务，缺乏必要的引导和帮扶救助措施。政法机关、妇联、团委、教育等相关单位和部门相互之间没有完全实现信息共享、资源共享。

美国、英国、德国等国均要求担当少年法庭法官除具备一般法官任职资格外，还须额外资格或接受特殊培训，熟悉未成年人保护相关理论。在我国，最高人民法院发布的相关规范性文件中，也要求少年法庭法官具有"熟悉未成年人特点，善于做未成年人思想教育工作"等特点，但这些规定还过于原则，没有统一的少年法庭法官的员额标准、任职资格，少年法庭法官任职条件和审查认定办法缺乏实施细则，各级法院在调配少年法官时还没有一个明确的选任标准可以参考。

由于缺少对少审法官任职资格的具体规定和详细要求，实践中大部分的少年庭法官并不长期从事少年审判业务，部分人员缺少涉少案件的审判经验及审判专业性培训。这会导致涉少案件审判工作及其一系列延伸工作开展受到影响，不利于将庭审以外的跟踪帮教、社会调查、社会观护以及参与社会治安综合治理等工作的开展。

三、理念、立法、制度、人员：我国少年审判一体化发展模式的展望

"少年司法工作由于承担着诸多的功能，因此从全社会范围里来看待少年司法，所涉及的方面十分繁杂，几乎所有与儿童和少年权益相关的活动、机构、组织、功能都与此相关，由此所提出的问题就是对相关知识、理论、机构、活动加以全面的'整合'，我们把这种整合称为'一体化'。"② 运用一体化思维，在国家亲权和少年权的理念基础上，在儿童利益最大化、特殊保护的共同目标导向下，整合立法、司法、执法和社会

---

① 韩文太、王国利等：《规范少年审判机制注重判后延伸帮教》，载《人民法院报》2015年6月11日。
② 皮艺军：《中国少年司法制度的一体化》，载《法学杂志》2005年第3期。

资源，构建协同高效的工作机制，这应该成为少年司法的未来发展路径。

（一）以"体系化"为目标建构少年审判专业理念

1. 树立未成年人利益最大化原则

未成年人利益最大化原则指一切少年法律规范的制定、适用和执行，都要以未成年人的最佳利益获得为前提。① 基于少年身份的特殊性和社会价值的特殊性，和国家亲权相呼应，国家法律有必要将少年利益摆在第一位，应当奉行少年最佳利益原则。一般认为，少年最佳利益原则有两种表现形式：其一是国家对少年的福利、救济、扶助、保护、劝导和教育等，体现了国家的引导价值；其二为国家对少年行为的约束、惩戒、监禁，体现了国家的训导价值。无论是引导还是训导，都是少年最佳利益原则的体现。

2. 树立未成年人特别保护原则

少年特别保护原则，是立足少年身份的特殊性，以其是"国家和社会未来的希望"为基础，鉴于其突出的社会价值，国家法律应当给予其超乎一般社会群体的特别保护，以满足其健康成长的需要。审判机关要在充分遵循罪刑法定原则、罪责刑相适应原则和人人平等原则的前提下，克减不必要的犯罪认定或抑制不必要的重刑主义倾向，应该符合"仁义""和谐""宽缓"的价值蕴涵。少年特别保护原则是少年审判所遵守的根本性原则之一，是国家给予少年特殊保护的体现。

3. 树立未成年人全面保护原则

少年全面保护原则来源于少年法律关系多面性和少年发展的过程性。就少年法律关系而言，围绕国家—少年—学校、家庭、社会这一横向法律关系，不论是家庭的教育、学校的监管还是社会的引导，都应当在未成年人保护层面体现相应价值，涉及家庭、学校、社会等三个基本领域的少年法皆应当对未成年人进行全面保护。从纵向而言，少年成长过程

---

① 高维俭：《论少年法的基本原理》，载《预防青少年犯罪研究》2014年第2期。

所涉及的问题层级主要可以分为少年刑事问题、少年治安问题和少年福利问题，即"福利—行政—司法"这一纵向关系将由不同的法律或社会规范进行调整，在预防少年犯罪的同时，理性地处理好少年治安案件和少年社会福利问题，利用刑事处罚进行惩戒，利用治安处罚进行训诫和预防，利用福利政策保护、促进少年健康成长。针对不同的问题采取不同的措施，本着"教育、感化、挽救"的理念，全面地保护、促进少年的健康成长。

(二) 以"法典化"为目标建构少年审判专业立法

1. 从分散式立法走向系统的法典化立法

我国目前全国性涉少专门立法集中体现于"两法一专章"，即《未成年人保护法》《预防未成年人犯罪法》和《刑事诉讼法》第五编第一章"未成年人刑事案件诉讼程序"专章。此外，我国还签署了多项相关的国际法律规范性文件，如《联合国少年司法最低限度标准规则》《利雅得准则》《儿童权利公约》等。[①]

从世界范围来看，各国的少年立法模式可以归纳为附属条文模式、半独立的立法模式和独立立法模式三种。[②] 整体而言，我国当前的立法还属于半独立的立法模式。而未成年人法治发达地区的立法，如日本，以《儿童福利法》和《少年法》为基本支柱，实现了少年立法的法典化、系统化和独立化。未来中国的少年立法，仍需以"少年福利与保护法+少年司法法（少年案件处置法）"为基本架构，推进少年立法的法典化和系统化。通过少年福利法的制定，形成儿童权益保障立法的法典化；通过少年司法法的制定，明确少年不良行为和犯罪行为的认定、处置程序、保护、矫治和处罚措施等程序性、实体性问题的法典化。

未成年人立法应当向着系统、全面、可操作发展。其中，系统性体现在结构统一、内容完整、机制协调，切实贯彻国家亲权理念、儿童利

---

① 高维俭、梅文娟：《论少年法的立法体系》，载《预防青少年犯罪研究》2013年第5期。
② 牛凯：《少年法庭改革的发展方向》，载《人民法院报》2018年7月11日。

益最大化原则、特殊保护原则、全面保护原则；全面性体现在对未成年人的保护、帮助、监管是全面的、全程的，涵盖家庭、社区、学校和国家的保护职责，涵盖未成年人健康成长所需要的生理、心理需求，涵盖罪错未成年人的教育和矫治、司法处置机制；可操作性是指立法具有实效性，不能仅作为一种理性和理念存在于书面的立法条文，而是能够在实践中得以实际运行，这就需要清晰界定各相关主体的权利、义务和责任，明确各项工作机制。

2. 从依附、比照成人立法到构建独立的少年立法

传统刑罚是以理性的成人为假设对象进行设计，并没有考虑少年及少年犯罪的特殊性，因此，各国少年刑法大多在对传统刑罚种类进行"少年化"的改造后，才将之适用于犯罪少年。"以教代刑"，即以福利性干预措施（保护处分）替代刑罚，建立未成年人非刑罚处遇制度是现代少年立法的显著特点，刑罚是不得已的最后手段。[①] 除了刑罚的宽宥之外，设置专用于未成年人的处遇方式，是少年刑法基本理念的体现。

为此，我国刑事实体法应当加快从"少年比照成人酌减处罚"向"少年专门处罚"转变。对少年的处分应关注少年案件和少年的特殊性，采取教育、矫治、福利性为主的处遇手段，最大限度修复受损个人身心伤害以及社会关系，使其健康成长、最终回归社会，避免传统的、针对成人的刑事处罚手段对其造成不可弥补的终生伤害。一是通过立法明确不适用或者严格限制适用的刑罚手段，如取消附加刑（罚金、没收财产、剥夺政治权利）和累犯，严格限制无期徒刑的适用。二是通过立法系统的构建适合少年特点的处遇手段，如增设犯罪记录限制公开及污点适时消除制度，增加强制接受心理治疗、由专门机构和人员予以保护观察、不得与特定人员交往或者进入特定场所的禁止令、参加义务劳动、责令监护人管教、入读工读学校等。三是要通过立法构建系统的执行机制。未成年人处遇手段需要特定的执行机构和执行机制，这需要立法的推进，

[①] 姚建龙：《新刑事诉讼法设置未成年人专章的意义和遗憾》，载《青少年犯罪问题》2012年第3期。

需要和"政法一条龙""社会一条龙"工作机制相衔接，需要有相关心理辅导机构、特殊教育机构、社工机构的辅助。

人性化的审理程序是少年程序规则的重要内容。考虑到少年特殊的心理、生理特性，各国均在审理程序上设置了区别于成人的规定，普遍建立了社会调查原则、不公开审判原则等。2012年，第十一届全国人民代表大会第五次会议表决通过了《全国人民代表大会关于修改〈中华人民共和国刑事诉讼法〉的决定》，其中一个重要内容是增设"未成年人刑事案件诉讼程序"专章，共十一个条文，初步构建了我国未成年人刑事诉讼程序基本框架，把在少年刑事审判中长期积累起来的、对犯罪未成年人给予特殊保护的做法，如社会调查制度、合适成年人参与制度、附条件不起诉制度、不公开审理制度、犯罪记录封存制度等写入立法。这是未成年人立法里程碑式的重大进展，对推动少年司法具有重要意义。但应当认识到，未成年人刑事诉讼程序的建构还不完善，如法庭教育程序、圆桌审判制度、心理测试和心理干预机制、先议权制度等尚未进入立法条文，仍需要在积累实践探索经验的基础上，推进相关立法的完善。附条件不起诉制度也是如此，虽是一种创新，但仍有待完善。①

此外，在涉少民事审判程序中，有别于普通民事案件的审理程序和工作机制仍然没有进入立法。在探望、监护、抚养、继承等案件中，未成年人处于弱势地位，审理中易出现顾及不到甚至忽略子女诉求的情况，应当顺应未成年人综合保护的发展趋势，探索第三方代为行使诉权等工作机制，构建符合涉少案件审判特点的审理程序，在《民事诉讼法》修改中设专章加以特别规定。

3. 科学确定少年法庭受案范围

1998年起，江苏省连云港法院等部分法院开始对未成年被告人刑事案件实行指定管辖集中审理制度，将涉少刑事案件由犯罪地人民法院管辖改由上级法院指定某一法院审理。该制度后被《最高人民法院关于适

---

① 参见杜文俊、时明清：《未成年人附条件不起诉制度之适用》，载《东方法学》2012年第3期。

用〈中华人民共和国刑事诉讼法〉的解释》第五百五十二条规定吸收。该条规定:"对未成年人刑事案件,必要时,上级人民法院可以根据刑事诉讼法第二十七条的规定,指定下级人民法院将案件移送其他人民法院审判。"但是,指定管辖集中审理制度至今尚未在全国直辖市、省会城市、副省级市(包括计划单列市)中级法院以及有条件的地级市中级法院下辖基层法院全面推行,这不利于实现未成年人司法保护工作的集约化和专业化,不利于推动未成年人司法保护综合体系建设。如果实行指定管辖集中审理制度,可以将分散审理的未成年人犯罪案件集中分配给部分法院审理,向专门法院即少年法院的建立迈出探索步伐,同时可以摆脱受案法院收案数明显减少的困境。少年检察制度的产生晚于少年审判制度,但近几年检察机关一系列政策性、规范性文件陆续出台,推动了未检机构的独立、机制的创新和未检"捕、诉、监、防"一体化改革。为此,人民法院也应积极应对,推动未成年人刑事审判制度的发展,努力使未成年人保护工作向长久化和专业化的方向发展。

目前,除了上海法院已经实行指定管辖集中审理以外,海南省海口市、宁夏回族自治区银川市、山西省太原市等省会城市以及安徽省芜湖市、甘肃省庆阳市、吉林省辽源市等地级市也建立了由一家基层检察院和基层法院对应的指定管辖集中起诉集中审理制度。在此基础上,应当进一步推进实施指定管辖制度,在地市一级普遍实行指定管辖、集中审理,便于各地合力开展以社会调查为主线的法庭审理、系列帮教和犯罪预防工作。

近年来,未成年人犯罪案件呈不断下降趋势,但以同学间欺凌弱小和敲诈勒索为典型的校园暴力事件,不满14周岁未成年人实施杀人、强奸等恶性犯罪案件不断发生,引发社会强烈反响。① 根据生物学、心理学、医学研究成果,人的大脑发育,情绪控制能力要到24周岁才完全成

---

① 2019年10月20日,大连公安机关接到报警,一名10岁女童在沙河口区被害身亡,13岁犯罪嫌疑人当日落网。依据《刑法》第十七条第二款规定,加害人未满14周岁,未达到法定刑事责任年龄,依法不予追究刑事责任。公安机关依照法定程序经上级公安机关批准,于10月24日对加害人收容教养。该案引起了社会对未达刑事责任年龄的未成年人犯罪的强烈关注。

熟，行为控制能力要到 26 周岁才完全成熟。与公众呼吁降低刑事责任年龄相比，部分学者专家则指出犯罪低龄化是家庭监护、学校教育、社会治理等多种因素造成的，降低刑事责任年龄相当于把家庭和社会的责任转由未成年人自己来承担，并不能从根源上解决犯罪低龄化问题，反而有可能诱发更严重的犯罪行为。对于误入歧途甚至实施危害社会行为的未成年人，不能放任与纵容，更不能简单归入罪与罚，而要建立完备的教育矫治体系，实施有效矫治，助其迷途知返。[①]

在少年审判改革中，稳步扩大少年刑事案件主体范围是改革趋势之一。一是向前端延伸，即将未达刑事责任年龄的未成年人保护处分案件纳入少年审判职责范围；二是向后延伸，将年满 18 周岁不满 22 周岁的青年人犯罪案件纳入少年审判职责范围。这更有利于对于这一部分被告人的改造和挽救，对充分发挥少年法庭职能、更好体现未成年人司法的教育、矫治功能都是有益的。

未成年人保护涉及少年福利保护、少年司法处置两个方面。以往，少年司法、少年审判的工作重心是涉少刑事审判，对未成年人进行特殊保护的范围和手段比较单一，缺少对未成年民事权益的关注，缺少对涉少行政案件的关注。在司法体制综合配套改革的视野下，应在《最高人民法院关于进一步规范试点未成年人案件综合审判庭受理民事案件范围的通知》（法〔2009〕5 号）等改革性文件的基础上，以《最高人民法院关于加强新时代少年法庭工作的意见》的制定实施为契机，坚持少年综合审判庭改革的方向，进一步推动涉少刑事审判、涉少民事审判、涉少行政审判的融合发展，推动少年审判和家事审判工作的融合发展，同时保持少年审判和家事审判各自相对独立。具体而言，通过先议权的司法化改革逐步将当事人为未成年人的其他罪错案件纳入少年综合审判范围，将涉少离婚案件、离婚后涉及未成年人权益保护的案件包括抚养、收养、继承、探望权纠纷，以及涉及未成年人的侵权责任纠纷以及监护

---

① 郭士辉：《降低刑事责任年龄并非万全之策》，载《人民法院报》2018 年 7 月 12 日。

权等特别程序案件等纳入少年综合审判受案范围，将涉少行政案件纳入少年综合审判受案范围。同时，将不具有涉少因素的一般家庭纠纷排除在少年综合审判受案范围之外。

（三）以"协同化"运行为目标建构少年审判专业机制

1. 在法院内部构建"四级一体"的涉少审判机构

独立建制的少年法院，是开展少年审判工作的基础和保障，直接决定未成年人司法保障的专业化、有效性，"是世界上少年司法制度成熟完善国家的普遍做法，也符合少年司法发展的趋势"①。"少年犯罪具有特殊性，少年司法也必须具有特殊性，只有建立符合未成年人特点的少年司法制度，才能更好地保护少年，预防少年犯罪。"② 这需要中央层面作出部署，牵头组织、财政、政法等部门予以统筹规划，因未成年人保护立法体系尚不健全，少年保护、少年福利和少年罪错案件尚未完全纳入少年审判范围，少年法院成立的时机尚不成熟。当前，应坚持顶层设计、因地制宜，重点推动四级法院内设机构的独立建制工作。首先，最高人民法院、高级人民法院及中级人民法院设立未成年人案件综合审判庭。（最高人民检察院已于 2015 年成立了独立的未成年人检察工作办公室，并以此为基础，推动了全国未成年人检察机构的发展）在最高人民法院、高级人民法院及中级人民法院设立未成年人案件综合审判庭，有利于整合少年审判资源，促进未成年人案件审理的独立性和专业化。基层人民法院则可根据地区实际情况因地制宜设置少年审判机构，符合条件的地区应当推进涉少案件的指定管辖集中审理。在改革的过程中，既要坚持"自上而下"的"一元化"改革思路，也要坚持基层因地制宜的"多元化"设置模式。上一级法院可以根据本地区的案件数量、区域范围与交通条件、经济发展与领导条件、队伍素质与经验条件、社会文化背景与

---

① 黄河：《反思与前进：少年审判机构设置改革方向和路径研究》，载《北京政法职业学院学报》2018 年第 4 期。
② 莫洪宪：《我国少年审判机构改革历程回顾与展望》，载《东方法学》2009 年第 5 期。

公众法律意识等条件设定。机构专门化是少年审判专业化的根本要求，也是少年法庭建设的主要改革方向，凡是条件成熟的地方，少年法庭都要向独立建制的未成年人案件审判庭的方向发展，为未来设立少年法院积累工作经验。

从少年司法全面保护未成年人合法权益出发，开展对未成年人综合审判和司法保护已是大势所趋。综合审判模式一方面有利于实现对未成年人的全面保护，另一方面可以细化少年审判的分工，使未成年人审判工作和延伸工作更加细致。现阶段，应当加紧对2007年初开始的未成年人案件综合审判试点改革进行评估，总结行之有效的工作制度和经验，坚持涉少民事审判践行"积极、优先、亲和、关怀"的司法理念，坚持"特殊、优先保护未成年人合法民事权益"的原则，在现阶段司法实践基础上，要将涉少民事案件的特色工作机制和诉讼程序探索列为少年审判改革重要内容，使少年家事审判改革服从或者融入少年审判改革的大局之中，进一步探索并完善符合未成年人身心特点的特色综合审判机制。

2. 在法院之外推进两个"一条龙"的协作配套机制

"政法一条龙"是包括少年警察、少年检察、少年审判、少年教育矫治机构等一体化运行的司法工作体系，是预防未成年人犯罪的第一线，居于核心与指导地位。分工负责、相互配合、相互制约是"政法一条龙"的基本原则。上海作为中国少年司法的发源地，少年司法机构专业化发展较好，跨部门合作开展较好，公检法司通过联席会议制度定期研讨少年司法热点难点问题，通过联合发文、内部纪要等方式规范案件审理、社会调查、社区矫治等各项工作，在案件办理、法制宣传、帮教回访等方面，实现了具体工作中的紧密配合，避免了对未成年犯罪嫌疑人、被告人、罪犯合法权益的侵犯，同时保护了未成年被害人、证人的合法权益。2010年，中央综治委预防青少年违法犯罪工作领导小组、最高人民法院、最高人民检察院、公安部、司法部、共青团联合发布《关于进一步建立和完善办理未成年人刑事案件配套工作体系的若干规定》，对"政法一条龙"工作机制作出明确规定。目前，"政法一条龙"机制仍需要在制度完善及工作实施细则层面予以完善，如合适成年人制度的实施细则、心理干预制度的实施细则、公检法司联席会议的实施细则，同时应当进一步强化案外工作，积极贯彻"双向保护"原则，在法制宣传、回访帮教、社区矫治等方面进一步形成工作合力。①

另外，要通过先议权的权能配置改革，进一步发挥"政法工作一条龙"工作机制在涉少案件分流处置中的作用。在其他国家，如美国和日本均赋予少年法院（家事法院）对少年案件的先议权，即由少年法院对所有少年案件进行预先审查，适用保护处分的，少年法院径行审理，只有可能构成刑事犯罪的，才通过"弃权"程序逆送回检察机关审查起诉。②当前，随着少年立法和少年综合审判改革的推进，可以考虑适当借鉴国外少年法院的先议权制度，按照"保护优先"原则，完善少年案件审前程序，将少年不良行为、严重不良行为、犯罪行为统一交由少年家事综合审判庭进行先议，不良行为、严重不良行为转至行政机关、专门学校进行保护处分，涉及刑事犯罪的逆转至检察机关审查起诉，从而将法治原则、国家亲权理念、儿童利益最大化和特殊保护原则真正贯彻其中。

上海对于"社会一条龙"工作启动早、重视程度高、工作成效好。当前加入其中的有上海市妇女儿童保护委员会及其下设办公室、上海市教委青少年保护委员会及其下设办公室、上海团市委社区青少年事务办公室、上海市司法局社区矫正办公室、上海市关心下一代工作委员会、上海市阳关青少年事务总社、上海市新航总社、上海市帮教志愿者协会等，各区也建立了相应机构，形成了较为完善的覆盖体系。但由于参加部门繁多、信息沟通不畅、工作存在交叉，加上随着社会的发展，还需要进一步拓展。如针对未成年人心理和生理尚未完全成熟，可塑性较强，采取心理疏导和心理干预可以缓解其紧张情绪，减少阻抗因素，为未成

---

① 季凤建：《"政法工作一条龙"：回顾与反思》，载《预防青少年犯罪研究》2012年第3期。
② 姚建龙：《少年法院的学理论证与方案设计》，上海社会科学院出版社2014年版，第140~141页。

年人更好配合审判并在此后重新融入家庭和社会奠定基础。在推进完善心理疏导和干预工作上,还需要相关心理咨询机构的加入和配合,进一步发挥上海市高级人民法院与华东师范大学共建"应用心理学专业硕士与未成年人心理援助实践基地"的作用,并通过政府购买服务方式合作开展心理疏导工作。在推进联合帮教上,还需要进一步加强社会联动,与教育、共青团、妇联、工会和关心青少年工作委员会等部门形成合力。在开展社会调查、合适成年人、社会观护等工作方面,还需要进一步加强与社区、社工、青保老师等社会资源的合作联动,争取资金和人员方面的更充分支持。

专门的教育矫治机构和矫正程序的确立更有利于教育、感化和挽救未成年犯,促使其回归正常成长轨道,最终回归社会。协作程序的开展是少年审判实现法律效果和社会效果有机统一、法律的教育功能完善的综合体现。应当进一步从立法和制度上,加强与教育、共青团、妇联、工会和关心青少年工作委员会等部门的联动,明确总的牵头部门和移送衔接机制,加强工读学校和专门的收容教养机构等建设,根据未成年人不良行为、严重不良行为、犯罪行为的程度,结合未成年人的心理特征、习性脾气、家庭情况,具体分析研究,分类采取措施,制定不同的帮教措施,并为其建立完善、规范的帮教档案,切实开展针对性的教育矫正工作,真正做到惩罚、挽救和帮教的有机结合和统一。

(四)以"专门化"为目标建构专业队伍

1. 组建专门的少年审判队伍

少年审判的特殊性需要匹配专业性比较强的法官队伍。因此,少年法庭法官除具备一般法官任职资格外,还需要额外资格或特殊的要求。目前,应在选拔制度上将少年审判人员的条件具体化,制定统一的少年法庭法官的员额标准、任职资格,细化任职条件和审查认定办法,从而真正组建起专门的少年审判队伍,推动少年审判专业化。要通过实质性的条件审查来避免任职条件的空泛化所带来的难以操作的消极后果,如将"知识面广"及"政治和业务素质好""熟悉少年特点"和"善于做失足少年思想教育工作"用相关专业的证书及学习经历来替代,或者相关工作年限及工作成绩来体现。此外,应当探索通过人员分类招录、引入社工、社会团体工作人员和政府向社会购买服务等方式充实司法辅助人员,协助法官从事案件调查、社会观护、回访帮教等工作。

2. 加强专门的少年审判培训

少年案件的法官在审判中被赋予了更多的职责,被认为需要具备特定的素质,需要达到特定的要求。对现已在少年审判机构任职的法官,应加强少年审判法官在职专门培训。一方面,应当提升少年审判法官业务水平,进行相关刑事、民事、行政专业能力的培训;另一方面,应当加强少年审判法官的综合素养,加强教育学、心理学、社会学等综合能力的培训。可以通过鼓励参加高校在职培训、庭审观摩、法官沙龙、专题研讨等方式加大对审判人员的教育培训力度,以切实提高法官的综合素质。同时,定期对从事家事少年审判的司法辅助人员进行包括社会调查、儿童心理学等针对性培训,确保家事少年审判团队整体的适岗性,提高少年法庭的专业化程度,更好地应对未成年人案件审判工作。

3. 构建专门的少年审判业绩评价体系

少年审判工作具有特殊性,在审判职能和社会工作职能还不能完全分离的情况下,法官还要承担大量的非审判业务工作,应该具有特殊的、独立于一般法官的考核评价体系。在少年审判法官业绩评价体系中,不能只考察案件数量和效率,更要注重少年权益保障、重新犯罪率等实际办案效果的评价,突出庭前调查、法庭教育、合适成年人参与诉讼、心理干预、庭后回访帮教等社会性及延伸性工作,合理配置案件权重,充分体现少年审判法官的实际工作量,充分调动少年审判法官的工作积极性,充分体现绩效考核的激励作用,引导和促进少年审判工作科学、全面发展。

结 语

少年司法是衡量司法进步性、文明性的重要指标。"我国少年司法制度改革是司法改革中浓墨重彩的一笔,而少年法庭又是少年司法制度的核心内容。"[1] 国际人权报告、我国的司法文明状况报告以及国务院新闻办公室的白皮书,都重点关注未成年人保护。因此,"少年审判在司法改革中只能加强、不能削弱,只能前进、不能后退,这个总的方针不能动摇","少年法庭牌子不能丢、名片不能毁、方向不能乱","少年法庭工作卓有成效,这是中国司法领域一张光彩夺目的名片,要保护、发展好,创造少年司法的中国经验和中国方案"。

应当看到,少年审判改革,功在当代,利在千秋。我国少年审判改革已经走到了关键的十字路口。为此,我们提出少年司法一体化的发展模式,期冀以更宽广的视野、更高超的智慧、更长远的眼光,站在更高的起点上统筹规划,推进少年审判工作改革,为少年的茁壮成长撑起一片蓝天,让少年的健康成长成就中华民族伟大复兴的光荣梦想。

---

[1] 牛凯:《少年法庭改革的发展方向》,载《人民法院报》2018年7月11日。

猥亵行为应纳入负有照护职责人员性侵罪

——以师源性侵为例

陈 波[*]

引 言

随着互联网的发展,性侵未成年人案件信息传播也日益便捷。近几年发生的"鲍某某性侵养女案""王某某猥亵儿童案"等都曾经引发社会对性侵未成年女性案件的广泛关注。根据女童保护基金的统计,2020年全年媒体公开报道的性侵儿童(18周岁以下)案例332起,受害人数845人;231起熟人作案的案例中,教师、教职工(含培训老师)作案71起,占比30.74%;亲人亲属(父亲、继父、兄长、叔伯等)作案48起,占比20.78%;网友作案42起,占比18.18%;邻居朋友(含同村人)作案37起,占比16.02%;其他生活学习接触人员作案33起,占比14.29%。这些数据表明,负有特殊职责人员实施性侵未成年人行为问题已然十分突出。立法机关也顺势而为积极地作出回应,通过《刑法修正案(十一)》加大了对未成年女性的性权利保护力度。

一、问题的提出:负有照护职责人员性侵行为规制路径差异

2020年12月26日通过的《刑法修正案(十一)》,对于未成年人

---

[*] 华东政法大学助理研究员,法学博士。

性权利的保护的条款有所增加。在《刑法修正案（十一）》的48个条文中，第二十六条、第二十七条和第二十八条涉及未成年人性权利的保护。这三个条文同为加强未成年人性权利保护力度条款，却选择了不同的路径：第二十六条增加了强奸幼女应当加重处罚的两种情形；第二十七条将与强奸罪相似的负有照护职责人员性侵罪的性同意年龄提高到16周岁，降低了入罪门槛；第二十八条明确了猥亵儿童罪应当判处五年以上有期徒刑的四种情形。但同时应当注意到，《刑法》提高负有照护职责人员与未成年女性发生性关系的性同意年龄的同时，并未提高"负有照护职责人员猥亵罪"的性同意年龄，这在一定程度上造成了针对未成年性犯罪行为间的罪责刑失衡问题。

同样是保护未成年女性的性权利的条款，为何立法者在《刑法》修订时未提高"负有照护职责人员猥亵罪"的性同意年龄，进而达到降低入罪标准、严厉打击相关行为的目的？换言之，《刑法》将负有照护职责人员非强迫地与已满14周岁不满16周岁的未成年女性发生性关系的行为规定为犯罪，但是并未将负有照护职责人员非强制地猥亵已满14周岁不满16周岁的未成年女性的行为规定为犯罪。这种差异性的规定是否对保护未成年女性的性权利有利？是否有助于预防负有照护职责人员性侵未成年女性的行为？笔者认为，这既是需要在理论上进行探讨的刑法问题，更是需要进行实证研究的犯罪学问题。

二、理论梳理：性同意制度

目前，强奸罪、负有照护职责人员性侵罪、强制猥亵罪和猥亵儿童罪是对未成年女性的性权利进行刑事保护的主要罪名，简而言之，可以将前两者归为强奸类犯罪，后两者归类为猥亵类犯罪。而对于未成年女性（包括幼女）的性权利进行特殊保护与性同意制度的内涵与价值密切相关。

（一）性同意制度及相关概念

在刑法上，被害人同意往往是出罪事由，被害人必须是在意志自由和理性的状态下作出的同意才有效,并非所有的被害人同意都具有出罪的效力,法律也对特定情形下的被害人同意进行了否定。所谓性同意制度是被害人同意的一种特殊类型,是指被害人同意发生性接触的情形下,判断被害人的同意是否有效,行为人是否构成强奸类犯罪或猥亵类犯罪的制度。在性犯罪中,如果行为人与缺乏性同意能力的被害人发生性关系,其应当受到刑事追责。对于幼女而言,其缺乏性同意能力之明确性是由法律明文规定的,即具有法定性。我国《刑法》规定,即便是幼女同意,与幼女发生性接触(包括奸淫和猥亵)的仍旧构成犯罪。性同意能力与被害人年龄、精神状况有关,由此引申出性防卫能力和性同意年龄这两个概念。

1. 性防卫能力

所谓性自我防卫能力,一般是指被害人对两性行为的社会意义、性质及其后果的理解能力,以及行为遵循法律规定的能力。我国的刑法理论中,一般将与患有精神病的妇女发生性关系行为认定为强奸罪,属于强奸罪中的以"其他手段"强奸妇女。目前,对于性防卫能力的应用场景一般是在患有精神疾病的女性自愿与他人发生性关系时,对行为人是否构成强奸罪进行认定。我国《精神疾病司法鉴定暂行规定》第二十二条第一款规定:"被鉴定人是女性,经鉴定患有精神疾病,在她的性不可侵犯权遭到侵害时,对自身所受的侵害或严重后果缺乏实质性理解能力的,为无性自我防卫能力。"也就是说,判断性防卫能力之有无的主要依据为女性是否具备对性行为的理解能力,如果患有精神疾病的女性对于性行为的性质理解存在瑕疵,那么行为人可能构成犯罪。"被鉴定人的性防卫能力评定结论可以帮助确定案件性质,以判定性侵实施者是否构成强奸罪,为法院对被告人定罪量刑提供文书证据。"司法实践中,性防卫能力多需要依据鉴定意见,性防卫能力的有无是一个科学问题。进言之,基于主客观相统一的原理,在被害人缺乏性防卫能力的情形下,行为人未必构成犯罪,只有在行为人主观明知被害人有精神病或者痴呆的情形时才构成犯罪。

2. 性同意年龄

世界各国通常认为，与一定年龄以下的未成年人发生性行为，无论未成年人是否同意，都构成犯罪。如《意大利刑法》规定："对于与未满14周岁未成年人发生性行为的，犯罪人不得以不知晓被害人的年龄作为开脱罪责的理由。"这一年龄的设定，就是性同意年龄。我国《刑法》第二百三十六条第二款和第二百三十七条第二款将我国的性同意年龄设定为14周岁。笔者认为，性同意年龄的设定，主要反映的是刑法背后的价值取向问题，这意味着刑法对于行为人与未成年女性之间在性行为情境之下的责任划分，性同意年龄越高，行为人在面对未成年女性时负有更多的保护义务，也即在未成年处分自身性权益时对其实际年龄负有更多注意义务，这意味着刑法对未成年女性的性权利保护力度越大。性同意年龄越低，未成年女性的自我保护义务就越重，刑法介入保护其性权利的力度也就越小。

行为人与不满14周岁的未成年女性发生性关系，并不必然构成强奸罪。由于司法实践的错综复杂，出现了行为人在不知道被害人为不满14周岁幼女的情况下与之发生性关系的案件。在《刑法》规定的基础上，我国的司法机关又通过司法解释将12周岁规定为绝对性同意年龄，将14周岁规定为相对性同意年龄。2013年最高人民法院、最高人民检察院、公安部、司法部制定的《关于依法惩治性侵未成年人犯罪的意见》中，将不满14周岁被害人分为两档：对于不满12周岁的被害人实施奸淫等性侵害行为的，应当认定行为人"明知"对方是幼女；对于已满12周岁不满14周岁的被害人，从其身体发育、言谈举止、衣着特征、生活作息规律等无法观察其是幼女的，不应当认定行为人明知。此外，少男幼女谈恋爱过程中发生性关系，也不必然构成强奸罪。2006年《最高人民法院关于审理未成年人刑事案件具体应用法律若干问题的解释》规定，已满14周岁不满16周岁的人偶尔与幼女发生性行为，情节轻微、未造成严重后果的，不认为是犯罪。

（二）强奸类犯罪和猥亵类犯罪中的性同意年龄

《最高人民法院、最高人民检察院、司法部关于依法惩治性侵未成年人犯罪的意见》中对于犯罪行为的规定，统一使用"奸淫等性侵害行为"。也就是说，无论是强奸罪还是猥亵罪，司法机关均将性同意年龄规定为14周岁。尤其是在该司法解释中，强奸行为和猥亵行为都被归类为性侵行为，而不像《刑法修正案（十一）》中新增的负有照护职责人员性侵罪仅仅将发生性关系规定为犯罪。《刑法修正案（十一）》部分地改变了之前强奸罪和猥亵儿童罪中的性同意年龄的规定同一的状况，将负有照护职责人员性侵罪的性同意年龄规定为16周岁（见表1）。

表1 未成年女性特殊保护制度下刑法规定的性同意年龄

行为	性同意年龄
猥亵儿童罪	14周岁
负有照护职责人员猥亵	14周岁
强奸罪	14周岁
负有照护职责人员性侵罪	16周岁

在《刑法修正案（十一）》之前，我国司法实践中已经对于负有特殊职责人员性侵未成年女性行为进行了规制。2013年颁布施行的《最高人民法院、最高人民检察院、司法部关于依法惩治性侵未成年人犯罪的意见》第二十一条第二款规定："对已满十四周岁的未成年女性负有特殊职责的人员，利用其优势地位或者被害人孤立无援的境地，迫使未成年被害人就范，而与其发生性关系的，以强奸罪定罪处罚。"《刑法修正案（十一）》延续了之前司法解释的规定，将特殊职责的内涵具体化为监护、收养、看护、教育、医疗等，但是负有特殊职责人员性侵罪的具体形式应当为诱骗、哄骗等行为，而不应当包括"迫使"被害人与其发生性关系的情形。在《刑法修正案（十一）》之后，如果出现负有照护职责人员"迫使"被害人与其发生性关系的情形，那

么依然应当以强奸罪论处，而不是以负有照护职责人员性侵罪论处。增设负有照护责任人员性侵罪的法益考量应当指的是相关人员利用自己与被照护人员之间的亲密身份，或者形成的优势地位进行性侵行为的客观危害性与现实紧迫性。

值得关注的是，《刑法修正案（十一）》新增的《刑法》第二百三十六条之一的行为内容有三个重要因素：第一，被害人要素。被害人是已满14周岁不满16周岁的未成年女性。第二，行为人身份要素。行为人必须是对未成年女性负有监护、收养、看护、教育、医疗等特殊职责的人员。第三，行为要素。行为人必须非强迫（包含"迫使"的情形）地与被害人发生性关系。从行为模式上来看，该罪与强奸罪中的奸淫幼女行为几近相同，主要区别是提高了性同意年龄和对行为人身份作出特殊要求。这在客观上是因为负有照护职责人员实施性侵犯罪行为，在侵犯幼女性权利的同时，也会降低社会基于照护职责人员所形成信任关系的安全感，从而让社会公众陷入恐慌之中。

（三）负有照护职责人员性侵罪的性同意年龄

负有照护职责人员性侵罪中的性同意年龄为16周岁。《刑法修正案（十一）》的规定，突破了刑法以往对于性同意年龄的规定，这是考虑到刑法中负有特殊职责人员更有实施犯罪的便利，防止其利用监护、教育等职责实施犯罪，被害人很有可能出于畏惧、生活压力等原因，只能选择忍气吞声，这明显不利于未成年人的成长。从未成年人保护的角度来说，这增加了负有特殊职责人员的义务，为负有特定职责人员划出一条不得触碰的"高压线"：即便是在被害人主动、自愿的情形下与负有特殊职责人员发生性关系，这种性同意也是无效的，而16周岁这一特殊性同意年龄就是判断性同意是否有效的重要标准。

三、"负有照护职责人员性侵罪"的域外考察

世界上一些国家和地区对于负有照护职责人员实施的性侵行为已经

有所规定，下文中笔者将以特殊职责人员的范围、行为和性同意年龄这三个角度来考察若干国家和地区的刑法规定。

(一)《德国刑法典》的规定

《德国刑法典》第13章是妨害性自决权的犯罪。其中对被保护人的性滥用也专门作出了规定，第174条规定："1. 与下列人员实施性行为，或让其与行为人自己实施性行为的，处3个月以上5年以下自由刑：（1）与受自己教育、培训或监护的未满16岁的人，（2）滥用教养、培训、照料、职务或劳动关系，与受自己教育、培训或监护的未满18岁的人，或在职务或工作上与自己有从属关系的不满18岁的人，（3）与自己、配偶、伴侣或者与婚姻或生活共同体相似之人的未满18岁的亲生子女或养子女。2. 教育、培训或照料机构的工作人员与下列人员实施性行为，或让其与行为人自己实施性行为的，处3个月以上5年以下自由刑：（1）与因教育、培训或照料进此类机构的不满18岁之人实施性行为，或让其与行为人自己实施性行为的，（2）利用其地位，与因教育、培训或照料进入此类机构的不满18岁之人实施性行为，或让其与行为人自己实施性行为的。3. 在第1款或第2款条件下，为使自己或受保护人得到性刺激而实施下列行为的，处3年以下自由刑或罚金刑：（1）在受保护人面前实施性行为的，（2）让受保护人在自己面前实施性行为的。4. 犯本罪未遂的，也应处罚。5. 在第1款第1项、第2款第1项或与之相关的第3款情况下，法庭在考虑受保护人的行为后，若认为其行为的不法情节轻微的，可免除其刑罚。"

根据《德国刑法典》第174条之规定，性行为，仅指对受保护的法益有重大影响的性行为。也就是说，在《德国刑法典》第174条中是性滥用犯罪，但是将其规定在同一条款，包括了强奸和猥亵两种行为。"本罪之行为方式，可大致区分为两类型：（1）有身体接触之性行为；（2）无身体接触之性行为。"

结合《德国刑法典》第174条之规定，可以得出如下结论：在德国，负有特殊职责人员性侵案件（德国称为性滥用）中，性同意年龄为18周岁（在个别情形下为16周岁）；性侵行为包括性交行为，也包括猥亵行为；特殊职责的范围是教育、培训或监护，主要是对应教育工作者和监护人。

（二）《日本刑法典》的规定

在2017年之前，《日本刑法典》并未规定"负有特定职责人员性侵罪"，只在《日本刑法典》第30章规定了奸淫罪。《日本刑法典》第298条规定了奸淫、猥亵幼年人："奸淫不满十四岁的女子的，处二年以上有期惩役。对不满十四岁的人实施猥亵行为的，处六个月以上七年以下惩役。"其中，对于奸淫、猥亵幼女行为的性同意年龄规定为14周岁。2017年，日本修订刑法时，增加了监护人猥亵与监护人性交等罪，修改后的《日本刑法典》第179条规定："对不满十八周岁的人，乘正在监护该人而存在影响力之机，实施猥亵行为的，依照第一百七十六条规定处罚。""对于不满十八周岁的人，乘正在监护该人而存在影响力之机，实施性交等行为的，依照第一百七十七条规定处罚。"

从日本刑法规定来看，日本刑法中只将监护人纳入负有特殊职责人员的范围，而教师、医护人员等其他负有照护职责的人则没有被当作负有特殊职责人员来对待。此外，日本的刑法将奸淫行为和猥亵行为都纳入了此罪的范围，且两种犯罪行为中的性同意年龄较之前的规定有显著提升，从14周岁提高到18周岁。

（三）英国《性犯罪法案》的规定

2009年《英国性犯罪法案》第5章规定了滥用信任罪，第42条规定，年满18周岁的行为人故意与对其有信任关系的未满18周岁的人实施性行为，或者要求对其有信任关系的未满18周岁的人与其他人实施性行为，那么该行为构成犯罪。第42条列举了信任关系的场景，规定了满足以下五种情况之一的，则存在信任关系：（1）未满18周岁的人处于被行为人看管的羁押状态;(2)未满18周岁的人处于被行为人依据1995年《儿童法案》第36条规定的照顾状态;(3)未满18周岁的人处于被行为人在医院、医疗场所、看护所、学校、居所等提供的安全住宿场所进行照料的状态;(4)行为人在院校中对未满18周岁的人进行学校教育或高等教育的;(5)行为人与未满18周岁的人有亲子关系或负有养育职责,或者接受未满18周岁的人的父母的委托进行托管,或者曾经负有照顾职责,或者将未满18周岁的人当作家庭成员的人。

笔者注意到,《英国性犯罪法案》规定的性行为实际上包括性交和猥亵行为,尤其是当该部法律提及性交时,会用插入式性行为进行限定和明确。也就是说,英国刑法也有"负有特殊职责人员性侵罪",其主要规则内容包括:(1)英国刑法中对于"滥用信任罪"的性同意年龄规定为18周岁;(2)信任关系可以解释为特殊职责,范围广泛,包括一切负有教育、看管、管理、医疗、照顾之责任的人;(3)英国刑法中规定的"负有特殊职责人员性侵罪"既包括奸淫行为,也包括猥亵行为。

(四)《美国模范刑法典》的规定

由于美国是联邦制国家,有联邦法和州法两套法律体系。笔者在考察美国负有照护职责人员的性侵行为是以《美国模范刑法典》为范本,不再对其他法律进行比较研究。

《美国模范刑法典》第213.1条规定,男性与不是其配偶的女性性交,存在该女性不满10岁的情形时,构成强奸。第213.3条规定了败坏未成年人和诱奸:"男性与不是其配偶的女性性交,或者行为人与他人变态性交或者使他人参与变态性交,存在下列情形的,构成犯罪:对方不满16周岁,并且行为人至少比对方大4岁;对方不满21周岁,并且行为人是其监护人或者对其福利负一般监督职责的其他人……"《美国模范刑法典》第213.4条规定了强制猥亵罪:"行为人与其配偶以外的他人进行性接触,存在下列情形的,构成轻罪的强制猥亵……对方不满10周岁……对方不满 16 周岁，且行为人至少比对方大 4 岁；对方不满 21 周岁，而行为人是其监护人或者对其福利负一般监督责任的其他人……性接触，指行为人以激起或者满足性欲为目的，接触他人的性器官或者其他隐秘部位的行为。"

分析《美国模范刑法典》的规定可得出结论：（1）美国刑法对于强奸罪（包括败坏未成年人和诱奸）或强制猥亵行为中的性同意年龄包括 10 周岁绝对年龄和 16 周岁相对年龄。如果被害人不满 16 周岁，行为人比被害人大 4 岁以上，也构成犯罪。（2）监护人或者对其福利负一般监督职责的其他人实施奸淫或者猥亵案件的，性同意年龄为 21 周岁。（3）监护人或者对其福利负一般监督职责的其他人是美国刑法中规定的"负有特殊职责的人"。（4）美国刑法中规定的"负有特殊职责人员性侵罪"包括了奸淫和猥亵行为。

通过比较德国、日本、英国和美国的规定可以得出如下结论：这几个国家都对负有特殊职责人员性侵类犯罪进行了专门规定，在性同意年龄的划定上，明确规定为 16 周岁至 21 周岁不等，在特殊职责的范围方面，各自规定略有不同，但是基本上包括了教师、亲属、医疗等特殊职责。有的进行了原则性规定，如美国。有的规定十分具体，如英国；更为重要的是，在具体行为形式上，这几个国家都将奸淫行为和猥亵行为置于负有特殊职责人员性侵犯罪打击范围中，且没有性同意年龄的差异。从法条规定来看，域外对于负有特殊职责人员性侵犯罪的规定，立法者除了考虑对被害人人身权利的侵犯外，还会考虑被害人和行为人之间所形成的信任关系，以及行为人实施犯罪行为时滥用基于特殊职责而形成的优势地位。

四、负有照护职责人员性侵的行为模式：以师源性侵为例

（一）选取师源性侵的缘由

1. 师源性侵案件高发

教师是我国刑法明确规定的负有特殊职责人员（负有教育职责），而教师性侵未成年学生的危害性与社会影响的恶劣性不容小觑。如上文所述，2020年熟人性侵儿童的案例中，教师、教职工（含培训老师）作案占比30.74%。师源性侵是指教职工（主要是教师）利用职务便利，对自己负有教育、管理职责的学生实施的性侵行为。2020年7月27日，教育部公开曝光的8起违反教师职业行为十项准则典型问题中，有4起涉及教师性侵学生，其中，2起案件的行为人受到刑事处罚。

2013—2017年最高人民法院发布的8起涉校园性侵犯罪典型案例，涉及强奸、猥亵儿童和介绍卖淫罪，其中有4起是教师或兼职教师对学生实施犯罪。此次《刑法》修订，对教师非强迫地与未成年女学生发生性关系进行处理作出规定，对师源性侵行为起到威慑作用。

2. 师源性侵案件具有特殊性

从《刑法修正案（十一）》新增的《刑法》第二百三十六条之一的内容来看，负有特殊职责人员可以对应到父母等负有监护和收养职责的人员、教师、医护人员等人群。《刑法》中明确规定的这三类人员存在明显差异：首先，负有监护和收养职责的人主要是近亲属，而人类的生物本能会呈现出乱伦禁忌。所谓乱伦禁忌是禁止近亲之间婚配的性禁忌，是人类最原始和最基础的社会规范，与亲属关系密不可分，包含亲缘识别和性接触抑制。具有监护和收养职责的人每天面对的未成年人比较固定，如果发生性侵行为，被害人也相对固定。其次，教师接触未成年人数量多、时间长，容易控制学生，且教师接触的人员相对固定。最后，医护人员接触的病人相对不固定，时间也较短。因而，从这三类人群的不同特征来看，教师更具有长期、多次、对多人实施性侵学生行为的

便利。

笔者认为,可以选取师源性侵为切入点,考察负有特殊职责人员性侵未成年女性的实际情况,进而探讨《刑法修正案(十一)》中对"负有照护职责人员性侵罪"和"负有照护职责人员猥亵罪"中的性同意年龄进行差异化规定是否合理。

(二) 案例选取

笔者在中国裁判文书网上以全文包含"教师+强奸"和"教师+猥亵"进行检索,共检索到 125 份法律文书,涉及 100 起刑事案件。这些裁判文书的时间跨度为 2009 年至 2018 年这十年间。笔者认为,真实的案件数据或高于这 100 起案件,但是由于我国在互联网公布裁判文书的起步时间较晚,各地法院出于保护未成年人隐私等顾虑,并未对外公布师源性侵案件的裁判文书。此外,海外的学者研究发现,性侵案件的被害人往往选择息事宁人,只有 15% 的被害人会报案。因而,真实的师源性侵案件数量超过这一数字。

即便如此,这些裁判文书已经给本文的研究提供了足够的实证研究样本,可以做到"窥一斑而知全豹",通过这 100 起刑事案件研究师源性侵案件的情况,尤其是对师源性侵案件的行为模式进行分析,为探讨《刑法修正案(十一)》对性同意年龄作出二元规定的合理性提供事实基础。

(三) 案件罪名分布

在笔者检索到的案件中,教师性侵学生所涉罪名为强奸罪和猥亵儿童罪。其中,从类型上看,有 65 名被告人实施猥亵学生行为,占比 65%;13 名被告人实施了强奸学生的行为,占比 13%;12 名被告人实施了猥亵儿童行为和强奸行为,占比 12%;1 名被告人实施了强制猥亵行为和强奸行为,占比 1%。从空间上看,这些案件分布范围广,遍布全国 22 个省、直辖市和自治区(见表2)。

表 2 100 起师源性侵案件的罪名分布

罪名	数量
猥亵儿童罪	65
强制猥亵罪	9
猥亵儿童罪和强制猥亵罪两罪	0
强奸罪	13
强奸罪和猥亵儿童罪两罪	12
强奸罪和强制猥亵罪两罪	1
强奸罪、猥亵儿童罪和强制猥亵罪三罪	0

教师性侵学生案件中主要类型是猥亵儿童罪和强奸罪两种类型。未出现同时实施猥亵儿童行为和强制猥亵行为的被告人，这与教师教授的学生基本上处于同一年龄段有关，同一被告人所带的学生基本上是年龄相同的，因而很少会出现被害人年龄相差很大的情形。此外，教师强制猥亵案件有 9 起，加上教师同时进行强制猥亵和强奸学生的案件有 1 起。

（四）师源性侵案件特征

1. 男性单独犯罪

统计发现，在所有的师源性侵案件中，都只有 1 名被告人，且所有案件的被告人均为男性。也就是说，教师性侵是典型的一人犯罪，不会出现共同犯罪的情形。此外，即便现实中发生了女教师性侵学生的案件，也极少进入司法程序。

2. 被害人特征

（1）多被害人。在 100 起师源性侵案件的 347 名被害人中，有 11 名被害人系男性，336 名被害人系女性，但未发现女教师性侵学生（包括男学生和女学生）的案例。其中，只有 34 起案件中的被害人为 1 人，10 起案件中被害人为 2 人，其余 56 起案件中的被害人数量均为 3 人以上。受害人数最多的为王某海猥亵儿童案，被害人数量为 15 人。

在 13 起教师强奸学生案件中,有 10 起案件的被害人为 1 人,1 起案件被害人为 2 人,1 起案件被害人为 4 人,1 起案件被害人为 5 人。在 12 起教师强奸和猥亵儿童案件中,2 起案件中被害人为 1 人,1 起案件中被害人为 3 人,3 起案件中被害人为 4 人,1 起案件中被害人为 5 人,2 起案件中被害人为 6 人,被害人数量为 8 人、11 人、13 人的案件各一起。仅有的一起教师强制猥亵和强奸学生的案件中,被害人为 1 名 15 岁的未成年女性。

(2)被害人以幼女为主。在笔者考察的 100 起师源性侵案件中,被害人都是未成年人。最小的为 7 周岁,最大的为 17 周岁。由于并非所有的裁判文书都明确标明被害人的年龄,许多案件中均是以被害人所在年级表示其年龄。但是,仍然可以判断出师源性侵构成犯罪的案件的被害人集中在未成年被害人。笔者对 14 周岁以上未成年被害人数量进行统计,共有 11 名 14 周岁以上的被害人,其中 2 人被强奸,其余 9 人被强制猥亵。

通过对被害人的年龄分布分析可以发现,师源性侵案件中的被害人主要是幼女。由于刑法规定的性同意年龄为 14 周岁,那么教师未使用暴力、胁迫或其他方法强制猥亵已满 14 周岁未成年学生的案件并不会成为刑法规制的对象。但是,生活中这类案件并不少,只不过在实践中被作为"性骚扰"进行处理,实施猥亵行为的教师一般只会被治安拘留,甚至只是受到纪律处分。正如上文提及教育部公开曝光 8 起违反教师职业行为十项准则典型问题中,有两个问题涉及教师与 14 周岁以上学生发生性关系、性骚扰的问题,涉案的两名教师均未被追究刑事责任。可以预见,《刑法修正案(十一)》生效后,这一状况将会有所变化,也会对司法实践产生影响。

（五）师源性侵的行为模式

1. 行为重复性

在笔者考察的100起师源性侵案件中，只有19起案件中的被告人仅实施了一次性侵行为，也就是说在师源性侵案件中，"惯犯"比例高达81%。实施5次以上性侵行为的被告人数量高达60人。犯罪次数最多的案件中，被告人在约20个月时间内对学生实施了51次猥亵行为、3次强奸行为。被告人实施性侵学生案件历时最久的一起案件中，被告人在近6年时间内，多次对9名被害人实施性侵行为。

从犯罪行为次数和时间来看，师源性侵案件中的犯罪人会持续不断地实施犯罪行为，直至被追究刑事责任。即便是在19起只实施了1次性侵行为的案件中，也可能只是因为行为人刚刚作案就已然暴露，没有机会继续作案而已。

2. 先猥亵后强奸现象明显

笔者对既实施猥亵行为（包括强制猥亵和猥亵儿童犯罪）又实施了强奸行为的13起案件进行梳理发现：只有3起案件中被告人的强奸行为先于猥亵行为；10起案件中被告人均是先实施了猥亵行为，后实施了强奸行为。值得注意的是，从被害人经历角度来看，在这10起案件中，有8起案件中的被害人在被强奸之前，都有被猥亵的经历。而且在其他强奸案件中，即便被告人行为不构成猥亵，但实施性侵行为的教师在强奸学生之前，往往会有拥抱学生、抚摸学生脸颊等表示亲昵的行为。也就是说，师源性侵案件中被告人往往会先实施猥亵行为。

3. 师源性侵行为的非暴力性

在100起师源性侵案件中，只有2起案件的行为人对学生使用了暴力。也就是说，师源性侵案件总体呈现出非暴力性的特征，行为人在实施性侵行为时并未使用暴力，而是以欺骗、利诱为主。在师源性侵案件中，被害人均为未成年人，其体能相较于实施性侵行为的教师处于明显劣势。如果行为人实施了暴力行为，可能会造成被害人的外伤，这就会增加行为败露的概率。

(六) 总结：性侵过程伴随强化程式

教师和学生之间并不是平等主体的关系。这里的不平等关系不是指法律规定上的权利和地位的不平等，而是指学校环境中教师对学生的管理权威而生发出的关系差落。这种权威被当然运用到教学秩序维护上，也可能会被不法行为人不当利用。"未成年女性在面对具有监护等特殊职责的人员时，其与对方不具有平等关系，处于相对弱势地位，其自主决定权受到一定限制，不能自主决定。"学生很容易顺从老师的"旨意"，服从老师的安排。

1. 师源性侵行为的权力运用

预防和惩治师源性侵案件，应当注重分析行为的过程。在师源性侵案件中，必然包含着权力运用。在性犯罪案件中，"性交是他用来宣示其身份、权威、力量、控制和主宰的方式，而不仅仅是为了性满足。"正如米歇尔·福柯所提醒的那样："千万不要把性经验描述成本质上桀骜不驯的倔强的冲动。相反，它是权力关系中来往特别密集的通道……"性侵案件中更包含了双方权力的不对等。教师对学生负有管教和奖惩的职责，在师源性侵案件中教师往往会利用其对学生的管理权威；实施犯罪的教师违法地运用权力，对学生进行规训，进而可能发展为性侵行为。

2. 教师利用其职业便利挑选被害人

师源性侵有别于发生在陌生人之间的性侵案件，行为人和被害人是相互熟悉的。行为人和被害人长期接触，实施性侵行为的教师会对学生的性格特征、家庭条件等有所了解。在日常教学接触过中，行为人也在挑选被害人。教师的职业便利正是体现在了解学生的性格、家庭条件等信息，并利用这些信息选择受害人。在对象选择结果特征上，实施师源性侵行为的教师往往会选择易于控制、性格软弱、家长关心不足的学生（如留守儿童）作为犯罪的目标。

3. 利用教师职权让学生对亲密行为脱敏

一般而言，师源性侵案件中总是伴随着教学、辅导、照顾生活等活动中形成的优势和便利。笔者研究的 100 起师源性侵案件中，学生会服从老师的命令，根据老师的要求到办公室、教室、宿舍等场所，以辅导作业、解答问题、检查卫生等理由进行接触，教师逐渐对学生进行性试探，如拉手、拥抱、拍照、聊性话题、播放色情影片等。实际上，教师的这些试探行为也是循序渐进的。如果学生对教师的行为表示反感，并且反应强烈，教师就可以辩解为这仅仅是因为自己偏爱学生才会这么做。在蒙某群犯强奸、猥亵儿童罪一案中有证人证明："蒙某群喜欢抱起女学生亲脸、亲嘴；在课堂上经常把女学生叫到讲台上，有时前面抱一个，两条腿上还各坐一个；还喜欢叫女学生帮他按头、敲背。"在高某强奸案中，高某在强奸被害人之前，曾经询问被害人"是否与人同居过"，在得到肯定答复后继而询问被害人"是否想男女关系的事"；在班某富强奸、猥亵儿童案中，行为人曾多次给受害学生播放色情影片。教师的这些行为，也是引诱和寻找被害人、强化对被害人的控制，让学生逐渐对这些具有性意义的行为脱敏，为其进一步实施性侵行为制造条件。

4. 教师利用职务便利控制学生，实施犯罪行为

在师源性侵案件中，教师为了避免因行为败露而东窗事发，其必须让受害学生服从自己的要求，并保守秘密。在教师与学生的交往过程中，教师处于权威的地位，而学生也愿意按照教师的规训行事。"在与教师的交往中，幼儿演练着多种社会行为和社会技能，并依据教师的不同奖惩，强化而调整着自己的行为。幼儿的整体心理水平较低，易受暗示、引导……"师源性侵案件中，教师可以使用关心与冷落、奖励与惩罚、孤立与亲密等各种手段来引诱和控制学生，从而使得学生服从自己的指示。一方面，可以达到学生配合其进行性行为的目的；另一方面，可以让学生保守秘密。

更为严重的是，有些教师会利用其手中发放奖助学金的权力，让生活陷入困境的学生与其发生性关系，这更是值得警惕的行为，应当受到

法律严惩。在付某葵强奸案件中，被告人付某葵选择了家庭陷入困境的被害人下手，利用其发放助学金的便利，先是对被害人进行引诱，让被害人自愿被猥亵，经过一段时间后实施强奸被害人的行为。这种行为性质更为严重，除了侵犯被害人的人身权利，还损害了我国公益活动的纯洁性和师生间的信任关系。

五、猥亵行为应纳入负有照护职责人员性侵罪的理由

《刑法修正案（十一）》只规定负有特殊职责人员与已满14周岁不满16周岁未成年女性发生性关系构成犯罪，而未规定负有特殊职责人员猥亵已满14周岁不满16周岁的未成年女性为犯罪。实际上，负有特殊职责人员的猥亵行为和奸淫行为中的性同意年龄不应当出现差异。也就是说，猥亵行为同样应被纳入负有照护职责人员性侵罪，且此罪的性同意年龄应当与奸淫行为一致。理由包括如下五个方面。

（一）猥亵行为与奸淫行为的社会危害性相差无几

毋庸置疑，性侵未成年人会对未成年人的身心发展带来不利影响。在《刑法》上，将奸淫行为和猥亵行为进行了区分。在强奸罪、猥亵儿童罪、强制猥亵罪和负有照护职责人员性侵罪中，行为人都是侵犯了被害人的性自主权。正如张明楷教授所述，人类社会的发展，在性方面形成了（性行为）非公开化、非强制性准则。违反这些准则，就是广义的猥亵行为。强制猥亵罪与强奸罪都侵犯了妇女（包括幼女）的性自主权，强奸行为也是强制猥亵行为的一种，但由于刑法特别规定了强奸罪，所以对强奸罪不再认定为强制猥亵妇女罪。

负有照护职责人员性侵罪规制的行为是对经过已满14周岁不满16周岁被照护女性同意的奸淫行为。《刑法》中将其专门规定为犯罪，背后的逻辑是在负有照护职责人员奸淫已满14周岁不满16周岁的女性案件中，即使被害人同意，其同意也会被刑法所否定，即该处的性同意行为无效。

一般而言,人们认为强奸罪侵犯的是妇女的性自主权和幼女的身心健康权。猥亵罪侵犯的是妇女的人格尊严和人身自由权,猥亵儿童罪侵犯的是幼女的身心健康权。在《刑法修正案(十一)》出台之前,我国刑法对性同意年龄作了统一规定,其背后的逻辑是,已满14周岁的女性已经开始性成熟,只有在使用强制手段对其实施奸淫或者猥亵的行为时,才构成强奸罪或者猥亵罪。而未成年女性的发育进程并不会随着刑法的修订而有所改变。也就是说,在负有特殊职责人员性侵已满14周岁不满16周岁的女性时,保护的法益不应当为与幼女身心健康权相似的权利,而是法律规定的性自主权。

《刑法》之所以将负有特殊职责人员对经过已满14周岁不满16周岁被照护女性同意的奸淫行为规定为犯罪,主要是考虑到负有特殊职责人员这一群体,即便是在已满14周岁不满16周岁的女性同意的情况下,对其进行奸淫行为也会造成社会危害,而这种危害一方面表现为破坏社会信任的基础以及引起社会公众的恐慌,另一方面是对被害人的身心造成的不利影响。尤其是未成年女性与负有照护职责人员有了性接触以后,其今后的成长道路上,很难与他人建立起信任关系,且有可能产生各种心理问题。故而,从社会危害性的角度来说,负有照护职责人员实施的奸淫行为和猥亵行为的社会危害性几无差别。如果只将负有照护职责人员实施奸淫行为规定为犯罪,则将会带来刑法保护的不均衡。

(二)负有照护职责人员性侵过程中包含猥亵行为

《刑法修正案(十一)》未将猥亵行为纳入负有照护职责人员性侵罪。背后的原因,恐怕是立法者认为猥亵罪和强奸罪同作为侵犯性自主权的犯罪,猥亵罪要轻于强奸罪。但是,在负有照护人员性侵案件中,不应当将猥亵和奸淫行为割裂了来看。在侵犯女性的性权利的过程中,奸淫行为和猥亵行为之间并没有明显的价值界限,在奸淫过程中必然会伴随着猥亵。如果从行为的过程来看,奸淫行为和猥亵行为并不能清晰明确地区分开来。

实践中也很少发生直接实施性交行为的强奸罪。一般而言,强奸时行为人也会出现身体接触被害人的性器官等可以被界定为猥亵的行为,由于行为人主观上是以发生性关系为目的,所以对于这种猥亵行为不单独定罪处罚。值得注意的是,如果是负有特殊职责人员在与被害人发生性关系时,仅实施了猥亵行为,因客观原因未能发生性关系或者主动放弃犯罪,成立犯罪中止或者未遂,按照我国现行《刑法》之规定,对于未遂犯,可以比照既遂犯从轻或者减轻处罚;对于中止犯,没有造成损害的,应当免除处罚;造成损害的,应当减轻处罚。

也就是说,同一猥亵行为,在负有照护职责人员与被害人发生性关系时,如果出现未遂或中止的情形,可以对行为人处以刑罚;如果是猥亵行为,行为人则无须受到刑罚。这种规定,明显不符合刑法打击逻辑,更不符合罪责刑相适应的法律原则,在司法实践中还会带来混乱,不能实现加大对未成年女性的性权利保护力度的目的。为了打击犯罪,还可能带来逼迫犯罪嫌疑人承认主观上是为了发生性关系的口供。殊不知,在此情形对于已满14周岁不满16周岁的被害人而言,无论是负有照护职责人员性侵,还是负有照护职责人员猥亵,造成的危害是一样的,其性权利均被侵犯。但是,因为法律规定,导致前者可能被定罪处罚,后者却无须定罪处罚。

(三) 行为人可以利用法律漏洞挑选被害人

根据日常活动理论,犯罪行为需要具备三个基本条件:具有犯罪动机的行为人、合适的目标和缺乏有效监管。所有的犯罪人都具有趋利避害性,如果其犯罪行为很容易暴露,随之而来的就是法律的惩罚,那么犯罪人在经过理性选择以后,则会选择放弃犯罪。一种行为被选择的可能性取决于其能够带来的回报多少。相反,如果该行为带来的坏处越大,其不被选择的可能性则越大。

性侵行为带来的负面效果就是被人发现并被追究责任。该种风险取决于行为地点和被害人。为了实现行为的隐蔽性,一方面,教师会选择相对秘密的场所实施犯罪，以免其犯罪行为被他人发现；另一方面，教师会选择合适的被害人作为犯罪目标，防止被害人事后向其他人报告自己的被害情况。就后一点而言，教师性侵学生往往会经历目标选择的过程。

其他负有照护职责人员性侵案件也是如此，对于行为人而言，合适的性侵目标恰恰是其行为成功、隐蔽实施的关键。师源性侵案件中，教师只有选择性格软弱、受到侵犯后不敢声张或者家庭关爱不足的学生进行性侵，才会降低自己罪行暴露的概率。在负有照护职责人员与已满14周岁不满16周岁的女性性接触的案件中，如果行为人仅仅是实施了猥亵行为，但并未发生性关系，那么，行为人将不会被作为犯罪处理，反之则会被当作犯罪处理。那么，擅长趋利避害的行为人就会利用猥亵行为挑选被害人。

因此，正如上文所述，教师性侵学生伴随着强化程式，由于现行法律未将非强制地猥亵14周岁以上不满16周岁的未成年人规定为犯罪，无形中加剧了被害人选择息事宁人的想法。而行为人更是利用这种心理，选择被害人。

（四）纵容负有照护职责人员合意猥亵行为会增加奸淫案件数量

行为人逐渐控制被害人的过程，也是其逐渐自信、强化犯意的过程。猥亵行为得手后，意识到自己可以掌控被害人，便会进行试探。正如师源性侵案件中，教师一般不会直接实施性侵行为，会先让学生对性逐渐脱敏，放松防备，教师逐渐用亲昵行为进行试探。如果被害人没有反抗，教师的行为会逐渐加剧，向猥亵行为演化，并最终演变为强奸。教师之所以会采取这种渐进性的行为模式，是因为一旦意识到学生可能反抗或向他人报告，教师在引诱阶段就可以及时停止，对外也可以为自己的行为开脱创造说辞。同理，在其他负有照护职责人员猥亵案件中，也会呈现出这种特征。

通过教师实施性侵行为的过程分析可知，负有照护职责人员性侵案件中的猥亵行为往往只是最终实施强奸行为经历的阶段而已。从刑罚的角度来说，为加强对未成年女性的性权利保护，本次立法采取的是入罪化和重刑主义并举的方式。这都是为了使刑事政策产生威吓的效果，但是在负有照护职责人员性侵和猥亵案件中的性同意年龄的二元规定，则直接导致了这种威吓效果受到影响。

（五）负有照护职责人员性侵罪还侵犯信任关系和弱势群体的利益

在负有照护职责人员实施的猥亵案件中，无论实施性侵的教师是否与女学生发生性关系，都有可能给学生造成损害，尤其是对精神层面的损伤更为严重，且会对学生的成长和发展带来严重的不利影响。国外的研究表明，儿童时期遭到性侵的女人更有可能养成其他恶习，如成为被强奸者、受虐待的妻子、吸毒者或者妓女，将其愤怒内化。从法益的角度来说，应当对负有特殊职责人员性侵行为中的被害人性自主权进行整体而统一的保护，不能仅仅保护其不被强奸等具体性侵行为。

从社会关系的角度来说，负有照护职责人员实施猥亵和奸淫行为时，都伴随着照护人员滥用法律赋予的权利，这会破坏因职业或家庭而形成的社会关系，而这种关系由于其自身的亲缘、监护纽带，对于社会良性运行具有重要意义。同时，这还会进一步造成全社会的恐慌，导致家长不相信老师、病人不相信医生，甚至连亲属之间都毫无信任可言，天长日久就会对社会固有的伦理纲常产生致命的后果，从而使得社会主体陷入人人自危的境地。

余　论

在《刑法修正案（十一）》之前，我国《刑法》中的性同意年龄统一为14周岁。这一规定为行为人划定了清晰明确的红线，即不满14周岁的儿童是高压线，无论儿童是否同意，对其猥亵之行为就构成犯罪。《刑法修正案（十一）》中对于性侵未成年人犯罪的惩治呈现出明显的"打补丁"特征，因为现实中出现了引发社会关注的案件就进行补救。但是，有必要考虑到负有照护职责人员性侵罪和"负有照护职责人员猥亵行为"之间的有机联系。尤其是在笔者研究的100起师源性侵案件中，猥亵行为要远远多于强奸行为，具有重复性和容易恶化成强奸行为的特征，负有照护职责人员的猥亵行为更是需要进行预防和打击，这一点同时具有紧迫现实性和客观价值性。因此，应将猥亵行为纳入负有照护职责人员性侵罪。

（来源：《青少年犯罪问题》2021年第4期）

论未成年人刑事判决宣告之有限公开*

谭建宏** 余长江***** 狄小华******

2019年以来，轰动全国的"浙江温州少女霸凌案""江西宜春强奸少女案""四川达州少年聚众斗殴案""安徽蚌埠强迫少女卖淫案"等一系列未成年人恶性暴力犯罪案件，引起全社会的共同关注。普通社会民众强烈要求治理严重暴力犯罪的同时，也将未成年人犯罪的报复报应程度推到了风口浪尖。① 以上案件在公开宣告判决期间，经历了不良媒体的大肆渲染报道，导致未成年当事人的隐私暴露在公众视野。由于未成年犯罪群体呈现生理发育与心理发展不同步的特点，他们的社会化具有明显的"被动性"，也决定了犯罪"先受害、后害人"的表征②。为此，我国司法机关对未成年犯罪群体采取宽严相济的刑事政策进行特殊保护和优先保护。然而，现行刑事诉讼立法没有明确未成年人刑事判决的宣告方式，因此上述案件判决宣告方式只得适用成人模式下的一般规定即公开宣告判决，导致该阶段未成年人的权利无法行使，违背少年司法的特

---

* 基金项目：江苏省社科基金青年项目"刑事缺席审判诉讼结构平衡机制研究"（20FXC003）；2021年度南京大学博士研究生创新研究项目（CXYJ21-66）。
** 南京大学法学院博士研究生。
*** 辽宁大学法学院硕士研究生。
**** 南京大学法学院博士研究生导师。
① 靳高风、守佳丽、林晞楠：《中国犯罪形势分析与预测（2018—2019）》，载《中国人民公安大学学报（社会科学版）》2019年第3期。
② 张鸿巍：《少年司法通论》，人民出版社2008年版，第19页。

殊保护和优先保护之宗旨，难以实现立法的预期目的。因此，亟须科学评估不公开审理与公开宣告判决制度目标追求之间的张力关系，寻求未成年人刑事判决公开宣告与不公开宣告之间的平衡点，在追求少年特殊利益保护与司法公开最大化之间进一步细化和衔接制度措施，以法律修订的方式弥补刑事诉讼立法设计的缺失，以期助力未成年人刑事审判工作平稳有序推进。

一、未成年人刑事判决公开宣告制度的矛盾冲突

科学规范的制度设计是推进少年审判工作专业化发展的基础，也是衡量少年审判工作发展文明程度的重要指标。为弥补未成年人刑事判决宣告制度的立法设计缺失，应科学评估公开宣告判决制度与刑事诉讼立法精神实质、犯罪防控基本理论等价值指引分歧，并厘清公开宣告判决模式与未成年人特别隐私权益实现、国际惯例指导准则等诸多观点主张的矛盾冲突。

1. 与刑事诉讼立法精神实质之冲突

刑事诉讼法围绕并服务于刑法的顺利实施，以打击犯罪、保护人民、保卫国家为使命，最终实现社会冲突的化解与社会关系的和谐。未成年人刑事判决公开宣告模式与刑事诉讼立法意旨相悖，集中体现为该模式更多以威慑手段展现刑法对于犯罪冰冷的惩罚性，一定程度上忽视了对未成年人特殊弱势群体发展权益的保护，不利于实现《刑事诉讼法》化解社会冲突和构建安定有序社会秩序的立法意旨。除此之外，法律的生命力在于实施，立法设计应充分考量法律内部上下规则之间的关联性及法律解释的融贯性，避免规则之间发生前后冲突、自相矛盾的情况，从而保障法的顺利实施。而客观上，未成年人刑事判决的公开宣告与不公开审理必然在法律适用中激发出某种程度的张力，从而造成内部规则之间的不兼容和不匹配，进而阻碍法律生命力的体现。不公开审理的目的在于充分考虑未成年人特殊生理发育和心理发展特征，落实少年"宜教不宜罚"原则，尽可能缩小案件影响和扩展的范围，避免其在公开审理

的过程中身心再次受到伤害,从而产生消极心态和负面情绪,以至于复归社会后受到歧视难以被社会化,难以实现"抓早抓小"的防治效果。而司法实践中,公开宣告判决的过程即是案件影响范围扩大的过程,宣读判决书作为公开宣告判决的应然程序,无可避免地要披露未成年被告人的基本身份信息及犯罪事实经过情况,致使未成年人彻底暴露在公众和新闻媒体之下而受到二次伤害,严重限制上一阶段不公开审理的立法意旨发挥,否定刑事诉讼法律条文前后逻辑关系的系统性,明显是立法和司法制度缺乏统筹的表现。

2. 与犯罪防控基本理念之冲突

犯罪防控隶属犯罪学范畴,目前学界对犯罪防控没有明确的、无争议的内涵定性。主流观点认为,犯罪防控是以对犯罪后果的预测和对犯罪行为发生进程的干预,避免犯罪后果的发生。[①] 而未成年人犯罪防控旨在通过对未成年人犯罪原因、规律及后果的预测分析,立足司法干预建立遏制未成年人犯罪生成因素之间的协调机制,形成有助于未成年人健康成长的动态关怀体系,从而减轻或避免犯罪后果的发生。[②] 未成年人与成年人犯罪防控制度设计有明显不同,认定犯罪行为被制裁的程度取决于其实际造成社会危害范围及影响,但考虑未成年人与成年人的年龄结构、抗压能力差异,诸多微小不可预知的因素都有可能直接或间接影响未成年人的犯罪目的、手段及行为方式,因此未成年人的犯罪防控更倾向以矫正保护的方式进行权利修复。而公开宣告判决模式主张未成年人与成年人在判决宣告问题上采取无差别对待,这与未成年人犯罪防控理论的最大利益保护"背道而驰",不利于未成年被告人复归社会。据广东省深圳市龙岗区法学会调查显示,2013年至2017年,经广东省各级法院公开宣告判决的未成年再犯罪群体年龄主要集中在16周岁至18周岁之间,初中文化占69.32%[③]。公开宣告判决以后,绝大多数犯罪未成年人

---

① 李玫瑾:《犯罪心理研究:在犯罪防控中的作用》,中国人民公安大学出版社2010年版,第40~41页。
② 高从善、王志强:《青少年犯罪预防学引论》,长安出版社2002年版,第9~14页。
③ 龙岗法学会:《未成年犯的社会复归和再犯预防》,载http://www.lg.gov.cn。

无法投入学习生活导致中学辍业,无法找到社会谋生的手段,大部分以打零工为生,无法维持基本的生活需求,甚至诱发再次犯罪。如:2015年在上海杀害一名护士的湖北人丁某,2004年,其16周岁时犯抢劫罪被公开宣判为有期徒刑一年;2006年,犯盗窃罪被公开宣判为有期徒刑三年;2010年,再次被公开宣判为有期徒刑五年。① 又如:2016年在广州奸杀一名女童的广西人韦某,2011年,其因故意伤害女童被公开宣判为有期徒刑六年。② 我们分析以上案件犯罪再发的原因,无一例外的都是未成年犯罪群体经过公开宣告判决和监禁刑罚复归社会后,在生理、心理、认知模式等方面难以融入社会。我们无法否认未成年犯复归社会后犯罪再发与公开宣告判决之间的可能联系,公开宣告判决作为社会关系修复的重要环节显然是存在瑕疵的,复归社会以后的求学难、就业问题多即是社会关系修复存在瑕疵的具体表现。因此,笔者认为,未成年人刑事判决公开宣告模式扩大了犯罪后果的影响范围,增加了司法机关对犯罪行为的改造难度,难以实现减轻诉累、及时化解社会矛盾、杜绝犯罪再发的防控目的。

3. 与特别隐私权益实现之冲突

儿童的隐私权是发展权和受保护权在司法的体现。③ 保障刑事诉讼中未成年人的特别隐私权,是维护其人格尊严的客观需要。作为应然的底线权利,隐私权在诉讼各阶段均不因案件事实、证据、涉罪主体年龄、主观恶意及社会危害性等因素的影响而被强制剥夺。

4. 与国际惯例指导准则之冲突

联合国大会1976年3月实施的《公民权利与政治权利国际公约》有关条款指出,案件不应区分类型,所有判决宣告一律公开进行,但针对涉及未成年人利益或者有关监护权的婚姻争端案件判决宣告适用作排他性规定。该条款立足国际视野首次以规则的形式对涉罪未成年人进行特

---

① 《女护士家门口被凶残劫杀,犯罪嫌疑人被缉拿归案》,载 http://www.southcn.com/。
② 《少年犯减刑出狱再犯大案,谁当反思》,载 http://news.sina.com。
③ 姚建龙:《儿童友好型司法的理念与实践——以欧盟国家为例的初步研究》,载《中国青年社会科学》2019年第1期。

殊保护和优先保护,并正式开启未成年人刑事判决宣告有限公开制度专业化发展的路径,这也是未成年人判决建议不公开宣告原则的国际法渊源。联合国大会 1985 年 11 月通过的《少年司法最低限度标准规则》和 1989 年 11 月通过的《儿童保护公约》均指出,应该确保少年权益特殊保护和优先保护的适用覆盖诉讼阶段的全部环节,并禁止不适当点名或宣传对少年隐私权利造成侵害。该条款对未成年人隐私权益的维护,应然地涵盖判决宣告环节,禁止"不适当宣传"对未成年人造成伤害。

二、未成年人刑事判决公开宣告制度的价值平衡

与普通刑事案件相比,探讨未成年人刑事案件判决公开宣告制度设计的优劣性,其特别之处在于探讨涉审对象的生理、心理差异所建立的多元化刑事诉讼体系是否能够达到制定之初立法者所期望达到的效果。因此,笔者认为构建未成年人刑事判决公开宣告制度,需要找到未成年人权利保护的边界,协调好未成年人特殊利益保护与正当程序、公众利益、再社会化、矫正教育之间的价值利益平衡。

1. 正当程序的内在要求

正当程序是涉及法律实施的方法和过程,它要求用以解决利益争端的程序必须是公正、合理的。[①] 未成年人刑事案件审判过程受"结果价值"和"过程价值"的双重法律规制,应竭力做到案件事实、证据采纳的标准达到实体法有关要求,并以最大努力保证审判过程的公平性和合理性。审判过程应以刑事案件审理后到刑事判决宣告完毕为扩大延伸。不难看出,未成年人刑事判决公开宣告的程序设计缺乏公平性和合理性。其不公平性体现为:程序参与者应在参与过程中具有人的尊严,并受到人道的对待。[②] 国际社会考虑未成年犯罪群体身心特殊性,很多时候法律赋予其较成人更有限的自由和更少的权利,与成人刑事案件通用公开宣告判决模式,一定程度上所体现出的权利与义务并不对称。其不合理性

---

① 陈瑞华:《刑事审判原理论》,北京大学出版社 2003 年版,第 50 页、第 56 页。
② 陈瑞华:《刑事审判原理论》,北京大学出版社 2003 年版,第 56 页。

体现为：判决宣告有关法律条文的立法设计瑕疵，必然导致法律可操作性发挥受限；如果法官机械适用和执行，必将导致公众对法律缺乏信任，对审判机关缺乏尊重，难以促进法律指引和教育功能真正实现。

2. 公众利益的客观衡量

公众知情权是一项宪法性权利。未成年人刑事判决宣告以何种模式进行，必然在多元程序设立的目标追求中对公众知情权益予以考量，而寻求未成年人刑事判决公开宣告与不公开宣告之间的平衡点，解决到底是侧重保护司法公开视阈下公众的知情权及媒体自由表达，还是更加关注保护未成年人特殊隐私权益的实现问题。不可否认，未成年人刑事判决是否公开宣告的矛盾，归根结底是未成年被告人权益保护和公众知情权益发展之间的矛盾。历来隐私权与知情权的冲突，在处理上必须考虑公法优先和公共利益原则①。二者既相互独立，又相辅相成。相互独立体现为，这两个权利作为国际人权规则所确立的基本人权，在法律授权范围内，其行使过程中不受特定干预。相辅相成体现为，以特殊隐私权利本位运行模式，保障判决宣告过程中未成年人诉讼利益的充分保护和恢复；以公众知情权利本位运行模式，保障案件审判各个环节经受社会和舆论监督。对未成年被告人而言，公众知情权的介入和行使在某种程度上可促进司法正义的达成。② 那么如何在公开宣告判决和不公开宣告之间，做一适当调和以达到既保护未成年人特殊隐私权的精确行使，又不影响公众知情权和媒体表达的适当监督，显得尤为必要。

3. 再社会化的紧迫任务

根据现代防卫理论，报应不再是刑罚的首要目标，取而代之的是对罪犯的改造和帮助其回归社会。③ 根据社会学习理论，犯罪行为的形成具有后天学习性，而观察学习是犯罪心理产生的直接手段。未成年人在参与家庭、学校、社会生活的过程中，所经历的不良示范、恶意攻击、报

---

① 王利明等：《人格权法》，法律出版社 1997 年版，第 151 页。
② 梅文娟：《论未成年人刑事判决之有限公开》，载《现代法学》2014 年第 5 期。
③ 何家弘：《用品格证明人身危险性的探索——评刘立霞博士的新著〈品格证据在刑事案件中的运用〉》，载《河北法学》2009 年第 2 期。

复性矫正教育方式，都会对未成年人的观察学习产生影响。如果社会化的过程存在缺陷必然将导致报复个性的形成，从而引发违法犯罪行为。未成年人犯罪群体再社会化是人的社会化的特殊形式。对未成年人"曝光"的惩罚性和苛责性，极易增强其社会逆反心理。采取何种后天学习教育的矫正、何种社会规范和价值的引导，决定了他们再社会化的优劣与否、复归社会的圆满与否。无论哪种犯罪，从最轻微的到最残忍的，都不外乎是犯罪者的心理状态、其所处的自然条件和其出生、生活或工作于其中的社会环境三种因素相互作用的结果。① 针对未成年人特殊犯罪群体来说，他们大多不具备明辨是非的能力，对未成年人判决宣告进行有限公开，既考虑导致其犯罪的不成熟心理因素，又充分考虑社会和家庭因素对其犯罪所造成的影响，使其感受司法的人文关怀，可以促使其认识自身错误、改过自新，有助于未成年犯罪人顺利回归社会。

4. 矫正教育的关键环节

当偶然性和随意性向少年稚嫩的心灵提供道德现象和物理现象的摹本时，教育起着正本清源的作用，通过感情的捷径，把年轻的心灵引向道德。② 判决宣告阶段在刑事案件办理过程中处于前承审理后接执行，还对未成年人进行多元化矫正的特殊地位。其后一阶段的刑罚执行或社会矫正，几乎集中了"教育、感化、挽救"的所有力量和方式，是对涉罪未成年人进行矫正教育的重要节点安排。我国目前对未成年人判处监禁刑罚的，以少年管教所为主给予矫正教育；对未判处监禁刑的，由监护人、社区、政府为主体发挥矫正教育功能。基于此，刑事判决宣告与监禁刑刑罚执行、非监禁刑刑罚执行三个环节构成了判决形成后的多元化矫正教育体系，各环节的矫正教育联系密切、相互促进。然而，公开宣告判决这一制度设立与刑罚执行期间的矫正教育尚未形成有效衔接，一律公开会对未成年人造成负面危机，极其容易引发身体生病、心理抑郁

---

① [意]菲利：《实证派犯罪学》，郭建安译，中国人民公安大学出版社2004年版，第59页。
② [意]贝卡里亚：《论犯罪与刑罚》，黄风译，中国大百科全书出版社1993年版，第104~109页。

等情况，导致此阶段帮教效果不理想，并对下一阶段的矫正教育产生不利影响。应立足特殊保护和多元化矫正原则，尽量缩小犯罪被他人窥视的范围，以保证未成年人重新做人的机会。只有这样才能更好地从根本上实现对未成年人的犯罪控制，助力刑罚执行或社会矫正阶段教育矫正功能有效发挥。

三、构建未成年人刑事判决宣告有限公开制度及相关衍生规则

如上所述，未成年人刑事判决宣告制度应充分考虑诉讼双方实际存在的特殊情形，判决一律公开宣告的立法设计有失妥当。完善立法设计的关键，在于怎样在现行刑事诉讼法的框架内融入具有特殊性的未成年人刑事判决宣告模式，在保障公开宣告判决权利的实现与未成年人矫正和治疗目的的达成之间找到平衡，在尊重公众知情权与未成年人保护之间做到有原则而又灵活的抉择与协调。未成年人刑事犯罪必然侵犯被害主体的合法权益，而判决宣告过程必须考量被害主体的具体正义是否能够恢复和实现。为此，笔者按照被害主体的不同，将未成年人刑事案件划分为以下四种类型：一是被害人系成年人；二是被害人系未成年人；三是被害人系成年人和未成年人；四是被害人系特定组织机构。针对以上不同案件类型，结合我国未成年人刑事判决宣告制度存在的问题，通过平衡宣告判决过程中的正当程序、公众利益、再社会化、矫正教育等内容，充分践行国际上倡导的未成年人刑事判决宣告"建议不公开"指导原则，借鉴德国、英国、美国、法国的立法及实践经验，以此优化我国未成年人刑事判决宣告制度，提出构建未成年人刑事判决宣告有限公开制度及相关衍生规则。

1. 建立有罪判决以不公开宣告为原则，依申请分离不公开宣告制度

针对第一种和第四种类型的案件，即被害主体为成年人和组织机构的情形，判决宣告应当"秘密"进行。设计该制度的初衷，以被害人为主体地位进行研究，立足国际少年司法对涉罪少年优先保护和特殊保护

理念，考虑法律赋予成年人和组织机构的权利，并综合评估其抵抗风险的能力，借助成人社会的特殊偏爱意志，全面保护少年隐私权益价值实现，达到预防和控制犯罪，建立安定有序社会秩序预期立法目的。在此，借鉴德国"判决绝对不公开宣告主义"模式的立法选择。欧洲一体化主流观点强调，隐私权保护的本质应兼顾数据保护，国家应承担保护私人信息的义务。[1] 德国于1975年1月通过《少年法院法》，规定"法院绝对禁止公开少年刑事案件的审理和判决宣告"，集中体现了德国立法案对于未成年人一以贯之的保护政策。从保护隐私权的视角来看，德国立法例更为合理，那么我国是否应该借鉴德国立法例，直接改为"判决绝对不公开宣告主义"，就万事大吉、高枕无忧了呢？笔者认为，事情并没有这么简单，此设计的缺陷在于完全回避公众知情参与和脱离司法监督规制，封闭的诉讼环境存在滋生滥用职权和枉法裁判等司法腐败风险，有悖于实现司法公正与民主。因此，判决宣告制度如何在保证未成年人隐私权的前提下，仍做到通民情、知民意、接地气，保证公民知情参与表达的渠道畅通和矛盾纠纷的顺利化解，这都是当前我国在判决宣告制度的优化中应重点考虑的因素。但这里所强调的"秘密"进行，绝不是密封判决宣告的过程。因此，判决宣告过程中应确保适格成年人的有效参与，以保护并平衡被害人诉讼利益和被告人人身利益分配。判决宣告过程中，相关制度设计应充分考虑以下具体方面：一是坚决杜绝公众和新闻媒体的参与旁听；二是确保被侵害的成年人、组织机构法人代表、辩护律师及案件利害关系人的参与资格；三是确保未成年被告人及其法定监护人、班主任、预防保护青少年犯罪组织人员、辩护律师的参与资格，保证多元化矫正实效性；四是法院应在判决宣告前对每一名判决宣告参与人进行风险评估，限制参与人数，最终拟定判决宣告阶段参与人名单，并对外公示；五是宣告前法院应组织判决宣告阶段参与人签订终身保密协议或承诺书，将未成年人信息对外披露的风险控制在最低。

---

[1] Richard Spinello, Herman Tavani. Introduction to Chapter Four: Privacy in Cyberspace, the MIT Press, 1997, p.219.

针对被害人中有未成年人的第二种和第三种类型的案件，设立依申请分离不公开宣告制度。设立该制度的初衷是基于未成年被告人的犯罪行为导致未成年人被害的法益受到侵害，此种情况之下，立法者应协调控制未成年被告人的特殊保护和优先保护程度。在案件处理中坚持宽容不纵容，更应侧重考虑处境更加弱势的未成年人被害的权益修复及未来的身心健康发展，原则上应采取判决不公开宣告模式。然而，笔者认为该判决宣告的不公开，应考虑未成年人被害的自由意志，绝不是无底线、无规则的不公开，应尊重被害方的意愿，充分吸纳未成年人被害及其监护人的意见建议，从而避免未成年人被害与未成年被告人再次在法庭判决宣告中针锋相对而产生负面心理压力，以达到被害方和加害方双赢互利的结局。因此，如果未成年人被害及其监护人强烈要求将合并的判决不公开宣告转为分离的不公开宣告，审判机关应予以考量并审慎决定。

2. 建立无罪判决以公开宣告为原则，依申请不公开宣告制度

无罪判决原则上应当适用公开宣告制度，但这种"公开"并不是"露天式"的公开。目前，针对未成年人刑事判决公开宣告制度，大部分域外国家和地区采取包容而"不禁止公开主义"态度，法国、英国、美国以该模式立法选择为代表，针对未成年人刑事判决采取不禁止公开宣告的做法，但三国还有所差异。《法国刑事诉讼法》规定，对于审判机关作出的判决一律应当庭宣布。法国判决宣告模式为绝对公开模式，这一点与我国目前所实施的制度模式十分相近，也在审判过程中不同程度暴露了未成年人权益维护的问题，亟须在司法公开和儿童利益最大化之间找寻更多的合作规则①。英国没有严格限制未成年人刑事案件判决公开宣告与否，1981年《英国藐视法庭法》规定，审判机关负有保证诉讼期间与案的相关当事人身份等隐私信息不被公开披露的义务，但该保密义务在诉讼结束后自然失效。这种方式强调的是某种特殊类型信息的有限公开，这里所说的诉讼期间是有待商榷的，是否应然涵盖判决宣告阶段，

---

① 宋浚沙：《法国未成年人刑事司法制度评介》，载《中国刑事法杂志》2011年第11期。

同时也因未明确所提及的特殊保护的信息类型，因此立法例在适用过程中也一度出现迷茫。20世纪80年代至今，美国各州采取多元化办理少年刑事案件风格。截至2004年，俄勒冈州等4个州强制实行不公开审判。俄亥俄州等14个州实行以少年司法程序公开为原则，依申请不公开裁决为例外的程序。宾夕法尼亚州等16个州实行以不公开审判为原则，以儿童超龄、犯严重或法律列举的犯罪，程序自动公开为例外的规定。伊利诺伊州等17个州实行以不公开审判为原则，以利害当事人申请裁定公开为例外的程序。[1] 美国各个州在少年刑事案件办理的程序上所采取的制度并不一致，整体发展程度也不均衡，但并不影响美国在平衡少年特殊利益与刑事诉讼正当程序问题上作出的贡献。法国、英国、美国所主张的未成年人判决宣告并不禁止公开，均是适应其国情等情况下所作出的特殊选择。我国现行公开宣告判决模式与其存在相似属性，个别参考了法国、英国、美国经验做法。我们要立足国情实际，坚持唯一立法目的，保证一致法律逻辑，运用法治思维和法治方式去甄别、认同、调适、整合未成年人诉讼程序制度，择优借鉴，为构建具有中国特色的未成年人刑事判决宣告制度服务。即便允许公众和新闻媒体的有限参与，也应杜绝一切法庭内拍照、录音及录像。防止未成年被告人的身份信息及肖像等人身权益被恶意散布。笔者考虑，立法设计时应给予未成年被告人权利救济的自主选择权。由未成年被告人根据案件参与和自身承受生理、心理压力的实际程度，决定判决是否由公开宣告转换为不公开宣告。如果未成年被告人认为判决不公开宣告完全可以满足其名誉权利的修复，并能防范个人身份信息泄露扩散等潜在风险发生，审判机关应同意未成年被告人的申请而判决不公开宣告。针对依申请判决不公开宣告的情形，审判机关应建立与之配套的无罪判决率定期通报制度，由上级审判机关对未成年人刑事案件的无罪判决率定期进行调度统计，查明原因后定期进行通报，并抄送审判监督部门，以保证每一个未成年人刑事案件的具

---

[1] Henning, Kristin N, Eroding Confidentiality in Delinquency Proceedings: Should Schools and Public Housing Authorities Be Notified?, New York University Law Review, 2004, 79(2): 520-611.

体正义。

3. 建立刑事判决文书有限公开制度

刑事判决法律文书作为判决宣告的具体表现形式，是公众知情权和司法监督权实现的有效渠道。法律文书所公开的内容、形式都与未成年人隐私权利保护和公众知情权利行使密切相关。目前，我国刑事判决法律文书以互联网公布为主，依照2016年10月最高人民法院出台的有关司法解释规定，普通刑事判决书生效后由人民法院对判决书中当事人地址、银行账号等涉密信息处理后上传至中国裁判文书网，文书上传网络后公众可通过登录该网站查看浏览相关生效判决；未成年人刑事案件裁判文书无须上传至中国裁判文书网，且不提供网络查询浏览途径。未成年人刑事判决文书公开的限度，即未成年人个人隐私权与公众知情权动态协调，应严格遵守比例原则，最后使得两种权利均得到最优生存发展空间。具体应该表现为：法院通过互联网将未成年人刑事判决文书向社会公开时，应对未成年人相关身份信息等作永久性模糊处理。如此一来，既保证了未成年人身份信息不被披露，又实现了公民知情表达与社会舆论监督的同步。同时，应强化审判机关对文字的模糊性处理的技术水平和提升审监部门巡视检查的能力，以保障刑事判决文书有限公开制度的有效落实。

4. 建立违反判决宣告有限公开制度相应的惩罚制度

设立惩罚制度的目的在于保证判决宣告制度的正常运转，威慑诉讼各方主体及参与人员遵规守法，并保持良好的审判秩序。立足于法理，从刑事诉讼制度运行的实际出发，针对诉讼当事人及参与人员违反诉讼程序规定的情况，以实体、程序二层维度择一或双重进行制裁。实体维度的制裁是针对行为人过错大小直接施以惩罚；程序维度的制裁是针对有瑕疵的程序及基于此程序所发生后果直接进行撤销或宣告无效。然而，就判决宣告而言，由于判决在上诉期后自然生效，不存在由该程序产生的结果无效的情况，因而程序性的制裁对违反该制度的行为并无实质意义。因此，立足程序制裁适用实际，我国违反判决宣告的处罚应该充分考量实体制裁。具体应体现为：对有藐视法庭、妨碍公务、披露当事人重要信息或案件限制性规定内容等违反判决宣告制度的行为，一律列入失信黑名单。情节轻微的，可单处警告；情节较轻的，可单处或并处拘留、罚款；有妨碍公务、泄露国家秘密等行为情节严重可构成泄露不应公开的案件信息犯罪的，依法移送侦查部门进行调查处理。

5. 建立公、检、法、媒贯通式保护制度

一个制度的完善，不仅需要法律条文的明确规定，还需要相关配套的、与之相呼应的法律的保障以及严格的执行。司法实践中，未成年人刑事案件还未进展到法庭审理和宣告判决阶段就可能已被媒体大量披露，这会导致未成年人刑事判决宣告有限公开制度的设立形同虚设。笔者认为，要深化未成年人工作有关部门协作关系，形成衔接协调、监控动态的未成年人隐私保护的工作互助模式。同时，对新闻媒体的报道权进行严格限制，保证未成年人刑事判决有限公开制度的实施效果。具体应体现为：由法院牵头，将公安、检察、司法、宣传部门、新闻媒体主管部门纳入未成年人刑事审判联席会议成员单位，签订保密和衔接协议，互相制约和监督，对未成年人刑事案件侦查、检察、审判、执行以及复归社会的各个环节实施贯通式的保护。同时，应对新闻媒体的报道权利进行严格限制，对涉及未成年人信息的有关报道要经主管部门严格审批。基于案件所处环节，实行"谁主管，谁负责"，对任何与案件有关材料与信息都建立严密的保管、审批程序。

我国未成年人刑事审判简易化可行性研究

李海斌*

如同医学的发展变得日趋精密复杂一样,随着人们为找寻刑事审判内在规律而进行深入研究,在审判中设置了一系列程序制度来实现审判的功能和价值,刑事审判程序变得越来越复杂,刑事审判也经历了由简单程序向复杂程序的渐进过程。程序正当是未成年人刑事审判的核心价值,这一点已经被未成年人刑事审判的实践所证实。但是,在刑事审判中加强对未成年人保护和教育的理念,使未成年人刑事审判的程序变得复杂了。刑事审判是对发生在先案件事实的认识活动,而认识所依据的证据又具有可变性与易消失性,所以及时对案件作出裁判是刑事审判的内在要求。在未成年人刑事审判中,迅速、简化是审判的原则。《联合国少年司法最低限度标准规则》(以下简称《北京规则》)第20条规定:"每一案件从一开始就应迅速处理,不应有任何不必要的拖延。"《北京规则》对此作了如下说明:"在少年案件中迅速办理正式程序是首要的问题。否则法律程序和处理可能会达到的任何好效果都会有危险。随着时间的推移,少年理智和心理上就越来越难以(如果不是不可能)把法律程序和处置同违法行为联系起来。"《北京规则》与刑事审判本身的及时审判要求相吻合。在正当程序的前提下开展对未成年人刑事审判程序的简易化,有益于对未成年人的保护和司法资源的节约。

---

* 山西传媒学院传媒管理系,讲师,博士;研究方向:刑事诉讼法学。

一、我国未成年人刑事审判简易化的正当性

在我国，未成年人刑事审判的简易程序和普通刑事审判的简易程序规定是在一起的。加强未成年人刑事审判的简易化也有类似普通刑事审判简易化的原因，即通过简化程序来节约司法资源。未成年人刑事审判基本在基层法院进行，且对于未成年人犯罪案件的审判统计，基层法院也一般将其归到刑事审判中。从相关的数据统计结果看，我国犯罪案件的数量逐年增加，这与有限的司法资源间的矛盾越来越大，法官在审理未成年人犯罪案件时会显得力不从心，再加上这些审判人员在未成年人刑事审判领域并非"专职"或"专业"，未成年人刑事审判难免受到影响。如果案件被简易化审理，不仅可以减轻法院审判工作的压力，而且也会提高未成年人刑事审判的质量。通过调查，笔者发现，建立专门的未成年人刑事审判主体的法院的未成年人刑事审判工作量并不大，如北京市某区法院有专门的未成年人审判庭，法官9名，近三年审理案件数量基本保持在150至180件。山西省太原市的专门审理未成年人犯罪案件的少年法庭，法官6名，近三年审理案件数量基本保持在近200件。湖北省某县法院也成立了专门的未成年人审判庭，法官3名，近三年审理案件数量基本保持在40件左右。在未成年人刑事审判中加强简易化更有未成年人刑事审判特别的重要原因，即通过简化程序和加速审判的方式来减少审判严肃性对未成年人的伤害。因为关乎社会公平正义的底线，刑事审判具有严密程度极高的特点，但个案实现公平正义却不一定非要经过严密程度过高的刑事审判程序。这一点无论是理论上还是司法实践中都是成立的。所以，在这些法院具有了尝试未成年人刑事审判简易化改革很好的机缘。

刑事诉讼具有在程序和形式上表现公平正义的功能，所以设置简易化刑事审判程序必须保证程序正义。整个刑事诉讼的核心内容是惩罚犯罪和保障人权，这一点已经成为刑事诉讼法学界的共识。虽然在未成年人刑事审判中将惩罚未成年犯罪者作为一种未成年人的特殊教育，但是

这只是说法的角度不同而已，同时对未成年犯罪者的惩罚也是实现公平正义的要求，只是会从轻处罚，所以未成年人刑事审判在本质上还是实现刑事诉讼惩罚犯罪和保障人权的功能。

笔者认为，未成年人刑事审判的简易化，还是要以实现惩罚犯罪和保障人权的刑事审判目的和教育保护未成年被告人为基本内容，在程序上的简化不能丧失陈瑞华教授总结的刑事审判最低限度的程序公正的标准原则：程序参与原则、中立原则、对等原则、理性原则、程序自治原则、程序及时原则和程序终结原则。①对这些原则的归类分析，刑事审判程序的简易化可以从控、辩、审三方面来考虑。首先是审判方，不管程序如何简化，作出裁判的审判方必须保持中立，在裁判的时候要坚持程序自治和程序及时原则。其次，对控辩双方来说，在简易化的审判程序中，双方是对等的，其观点和要求会获得审判方的平等关注。再次，在刑事审判中，作为国家机关的审判方和公诉方要坚持理性原则，检察官要坚持国家公诉所应该具有的理性，案件的公诉坚持证据第一的原则，审判方要在裁判过程中保持冷静，做到据以判决的事实是经过合理证明的。最后，也是最重要的，未成年人刑事审判的所有参与人必须亲自参加，始终在场，并且各主体的参与是充分有效的。

二、未成年人刑事审判简易化与普通刑事审判简易化的关系

普通刑事审判的简易化，强调的是用简化程序的方法处理刑事诉讼案件。如果任何刑事案件都适用刑事诉讼"完整、标准"的程序进行审理，势必造成司法资源的浪费。从司法的宏观角度看，浪费司法资源也是司法的不公正。事实上，由于刑事案件的数量不断增多，每一件刑事案件都适用"完整、标准"的普通审判程序审判也是不可能的，案件不能及时得到裁决会导致新的不公平。正是基于上述原因，世界各国纷纷在刑事审判中设置了简易程序，对刑事案件的审理进行繁简分流。对有

---

① 陈瑞华：《刑事审判原理论》，北京大学出版社1998年版，第120~210页。

重大影响和案情复杂的刑事案件适用"复杂"程序进行审理,对简单刑事案件适用"简易"程序进行审理,已经成为世界各国的通行做法。因为我国未成年人刑事案件的审判也是以普通刑事审判为基础的,面对那些案情简单、犯罪情节较轻的未成年人犯罪案件,也会采用普通刑事审判的简易程序进行审判,所以普通刑事审判简易化的具体法律规定和操作规范,也就成为未成年人刑事审判简易化的重要内容。

未成年人刑事审判的简易化,不仅重视在保证案件公正审判的前提下,对案件审判的程序进行简化,迅速完成审判活动,以节约司法资源,而且更为重视通过案件迅速审结的方式减少刑事审判对未成年人心理造成的压力和伤害。所以,普通刑事审判简易化的内容和程序,不能包含所有未成年人刑事审判程序的简易化内容。在未成年人刑事审判中,设置了很多特别程序和制度来保证实现未成年人刑事审判的功能,如法律援助辩护制度、社会人格调查制度、强制措施审查制度、法庭教育制度等。未成年人刑事审判的简易化必须同时考虑刑事审判的正当程序和未成年人特殊保护两方面的内容,所以从审判简易化的内容上说,未成年人刑事审判的简易化可以参照普通刑事审判简易化的做法,但需要在执行的过程中结合其特殊的制度和程序。

三、刑事案件审判简易化的域外情形

他山之石,可以攻玉。国外的刑事审判简易程序已经较为成熟,考察国外简易程序可以为我国建立未成年人刑事审判简易程序提供借鉴。简易程序是相对于普通程序而言的,国外对简易程序没有明确、清晰的定义,那些不经过陪审团定罪、省略审判程序的某些环节、法官可以用迅速简单的方式对案件作出裁判的任何程序都可以归于简易程序的范畴之内。

(一)美国

美国的简易程序有两种。一种是轻罪和其他轻微犯罪的程序,规定

在《美国联邦刑事诉讼规则》第 58 条。根据该规定,针对轻罪和其他轻微犯罪的审判需要设立庭前程序。在庭前程序中,轻罪案件的审判可以根据大陪审团的起诉书、检察官的起诉书或控告书进行,对轻微犯罪案件的审判可以根据传票或者违法通知书进行。被告人会被告知法定事项,包括被指控犯罪的内容、依法可能判处的最高刑、被告人享有的诉讼权利。其中,被告人的诉讼权利包括:获得律师帮助的权利、保持沉默的权利、由地区法院法官进行审判的权利(但是被告人同意由治安法官审理的除外)、由陪审团审判的权利(被告人罪行轻微的除外)、获得审前保释的权利等。如果被告人同意由地区法院法官审理案件,则被告知进行下一步程序。如果被告人同意由治安法官审理案件的,则治安法官会让被告人答辩,被告人可以作有罪、无罪和不辩护也不作有罪的答辩。针对被告人有罪答辩,治安法官可以对案件直接作出裁决。另一种是辩诉交易程序。辩诉交易通常是适用于严重、复杂犯罪的简易程序。辩诉交易的关键是被告人自愿同意做有罪答辩。这样控诉方和被告人及其辩护人进行谈判,最后签署"答辩协议备忘录"。最后被告人放弃了正当程序所要求的被告人在审判中的各项权利,而控诉方则放弃了部分指控。辩诉交易中的被告人必须有辩护人,否则很难实现。[①]

(二) 英国

1971 年《英国法院法》将刑事案件的管辖权进行了区分:第一类是简易罪,如道路交通犯罪、扰乱社会治安的行为、轻微的刑事伤害等,只能由治安法院依简易方式审判;第二类是可诉罪,如引起伤害的殴打罪、盗窃罪、侵入住宅罪,由检察官以公诉书方式提起公诉,只能由治安法院或皇家法院审理,陪审团参与审判;第三类是必诉罪,如杀人罪、抢劫罪等,只能由皇家法院起诉程序进行审判,这种审理程序最完整。审理未成年人犯罪案件的少年法庭就设立在治安法院。治安法院对简易

---

① 《美国联邦刑事诉讼规则和证据规则》,卞建林译,中国政法大学出版社 1996 年版,第 108 页。

罪进行审判的案件主要是：一是本辖区发生的简易罪案件；二是介于轻罪与重罪之间，可选择审判法院的犯罪；三是可以正式起诉程序审理的简易罪；四是可按简易程序审理的可诉罪，法院决定适用简易程序，被告人也同意进行简易审判的案件。

治安法院适用简易程序的具体规则是：法庭在核实被告人身份之后，向被告人说明控告的内容，并询问被告人答辩意见。如果被告人作有罪答辩，法庭直接对案件作出判决。如果被告人作无罪答辩，法庭则举行听审。听审结束后，法官对案件进行评议作出判决。如果案件是由合议庭审理的，判决结果须多数通过；如果不能，则另行组成合议庭进行审理。另外，如果所判案件的刑罚超过治安法院的权限（刑罚限于六个月以内的监禁刑、总额不超过5000英镑的罚金或其他轻微的刑罚），则只能定罪，量刑交刑事法院处理。

（三）德国

作为成文法国家，德国的刑事简易程序规定在《德国刑事诉讼法》第六编"特别程序"，主要有处罚令程序和加速程序[①]。处罚令程序主要是针对轻微犯罪，无起诉书、无开庭决定等，通过书面审理方式确定法律处分。这种程序由检察机关提出申请（申请中应当写明法律处分请求），法院的法官或者陪审法庭对申请进行审查，作出三种处理结果：一是认为被告人没有足够嫌疑的，拒绝签发处罚令；二是确信被告人有罪，则签发处罚令；三是对不经审判有疑虑，或者想偏离处罚令申请的法律评断，或者要判处与所申请的不相同的法律处分，但检察机关又坚持申请时，法院确定审判期日（如果处罚令欲将被告人判处一年以下的自由刑及缓刑时，应该给无辩护人的被告人指定辩护人）。关于加速程序，被学者称为"简易程序"。加速程序只适用于地方法院。这种程序适用于由刑事法官、陪审法庭审理的，案情简单或者证据清楚宜立即审理的案件，

[①] 《德国刑事诉讼法典》，李昌珂译，中国政法大学出版社1995年版，第153页。

但是不包括未成年人案件。这种程序非常简化：检察机关可以书面或者口头申请以加速程序进行审判（法院有权拒绝适用）；检察机关提出申请时，可以不经是否开示审判程序的裁定而立即或者在最短期限内进行审判；检察机关不必向法院提交起诉书，可以在审判开始时口头起诉，法院在庭审笔录中将起诉的主要内容予以记录；法庭对证人、鉴定人或者共同被指控的人的询（讯）问，宣读以前的询（讯）问笔录及其书面声明文件代替，等等。

（四）意大利

《意大利刑事诉讼法典》将简易程序规定为特别程序，具体类型有简易审判程序、快速审判程序、依当事人的要求适用刑罚程序、立即审判和处罚令程序五种。[①]（1）针对可能判处无期徒刑以上刑罚以外的刑事案件，可以适用简易审判程序。在征得检察官同意后，被告人为获取较轻刑罚可以向法院提出申请适用简易审判程序，法院只依据案件侦查结果对案件作出判决。这种简易程序一般不公开审判，且案件由负责初期调查的法官审判。被告人如果被定罪，其刑罚一般可以减少三分之一刑期，且不计入犯罪记录。（2）快速审判程序是一种省略预审的简易程序，在具体案件审理时仍然适用普通程序。具体操作分为三种情形：第一，被告人在犯罪现场被发现或逮捕。如果不需要进一步调查，被告人可以在48小时内被快速审判，如果需要进一步调查，检察官可以在14日后要求案件快速审判。第二，虽然被告人不在犯罪现场被发现，但是检察官已充分掌握了被告人犯罪的证据。第三，案发后，被告人主动向检察官自首坦白，案件也可以被快速审判。（3）针对案情简单且被告人可能被适用相对较轻刑罚的案件，在法庭一审前，被告人和检察官均可向法官提出申请适用当事人要求适用的刑罚程序。在适用这种简易审判程序时，被告人和检察官对被告人犯罪及其适用刑罚会达成一个协议，法官作出

---

① 《意大利刑事诉讼法典》，黄风译，中国政法大学出版社1994年版，第157~167页。

判决就是对该协议的确认。这种简易程序特别要求检察官和辩护律师不得就被告人犯罪性质进行交易。（4）立即审判程序也是一种省略预审的简易程序。因为案件的证据清楚，被告人可以放弃参加预审的权利，向法官提出直接审理案件的请求，当然检察官也可以申请适用该程序。这种程序由初期负责的法官进行立即审判，但是程序是普通程序。（5）处罚令程序是侦查和审判程序的全部省略，但是只对检察官建议而且处罚只有财产刑的案件。

四、我国未成年人刑事审判简易化的可行性

（一）刑事审判简易化的特点

从域外各国的简易程序和我国简易程序的设置上看，在刑事审判程序的简易化方面有以下几个特点：（1）案件事实清楚、证据充分是简易程序的重要前提。查明被告人犯罪事实，才能实现刑事审判的准确。那种不顾案件事实是否查清，只是简化程序的做法，必将导致审判不公、错案频发。案件证据证实被告人犯罪事实清楚，已经成为世界各国简易程序的重要前提条件。例如，我国简易程序的第一个条件就是案件事实清楚、证据充分；德国的加速程序也要求案件案情简单或者证据清楚；意大利的快速审判程序针对的是被告人在犯罪时被现场逮捕，或者检察官有大量充分的证据证实被告人犯罪的案件。（2）被告人认罪是刑事案件被简易化的另一重要条件。我国的简易程序就是这样规定的。再如，英美的简易程序是在被告人作认罪答辩之后才能进行。意大利的简易程序也是以被告人在征得检察官的同意后向法院提出适用该程序的申请为前提的。日本的简易程序同样是以被告人就公诉书中的诉因的全部或一部分自愿作有罪供述为条件。（3）程序的简化主要体现在对正式庭审程序或者预审的省略或简化。英美国家的正式庭审是陪审团审判，英美国家的简易程序主要表现为，对审判程序最为复杂的陪审团审判程序的省略。意大利的快速审判程序和立即审判程序都是对预审的省略。德国的

简易程序中,对审判程序作了简化,如检察官可以口头起诉,对证人、鉴定人等的询问以宣读之前的笔录代替等。我国的简易程序也是对审判程序作了简化的例子。

(二) 未成年人刑事审判简易化的可行性

未成年人刑事审判与普通刑事审判存在很大的不同,这一点不仅仅体现在审判主体的独立和专业性,更主要的是在审判程序中存在大量的关于保护教育未成年人的制度。这些区别于普通刑事审判的地方为未成年人刑事审判的简易化提供了巨大的操作空间和正当程序的保障。

第一,独立专业的未成年人刑事审判主体,为未成年人刑事审判简易化提供了组织上的保障。按照上文关于未成年人刑事审判程序简化方式的理解,无论是省略审前准备程序还是法庭审理程序,案件的裁判最终还是依赖于审判主体的。我国在各地基层法院推行建立未成年人刑事审判主体已经近30年了,其间对未成年人刑事审判人员的培训亦逐年加强,各地法院都在努力将那些对未成年人刑事审判工作有热心的、对未成年人有爱心的、审判经验丰富的法官充实到未成年人刑事审判工作中。建立了独立专业的未成年人刑事审判主体,就在保证案件审判质量和对未成年被告人的教育挽救工作质量方面,为未成年人刑事审判的简易化起到了组织保障的关键作用。

第二,由于未成年人犯罪具有冲动性、临时性、简单性等特点,未成年人犯罪案件与成年人犯罪案件相比,案情可能简单很多,因此,法官在查明案件事实方面相对轻松。而这些正是未成年人刑事审判简易化最重要的条件,前述各国简易程序中的大部分都适用于事实清楚、证据充分的案件。

第三,司法实践中,大量的未成年被告人都会对自己的犯罪行为在审判之前作出认罪的供述。例如,广东省某市某区法院的未成年被告人认罪案件占全部案件的50%,福建省某县法院的未成年被告人认罪案件高达80%以上。被告人认罪是适用简易程序的重要条件,所以在确保未成年被告人认罪符合法律规定的前提下，未成年人刑事审判简易化有着广阔的适用空间。

第四，未成年人刑事审判的审前准备程序可以创造审判简易化的条件。如强制措施的审查有利于在审判阶段降低对未成年被告人的羁押性强制措施的适用率，未成年被告人与法定代理人及辩护人沟通交流的机会会明显增加，被告人会对犯罪事实与法律规定等有一个清楚的认识，这样会在审判准备程序中增加被告人认罪的机会，从而为审判简易化创造条件。同时，法律援助律师辩护制度和案件分流制度也会对增加被告人认罪的可能性起正面推动作用。我国在普通刑事审判的简易化过程中遇到的现实问题就是被告人的权利保障问题。因为在未成年人刑事审判中设置了众多保护未成年人的制度，特别是法律援助辩护律师制度可以在程序上促使被告人正确行使各项诉讼权利的同时，对公诉方和审判方起到了很好的监督制约作用，从而保证了未成年被告人的权利不被侵犯，使得未成年人刑事审判简易化不会偏离程序的正当化而产生审判不公的结果。

第五，未成年人刑事审判实行不公开审判制度，这也在简化审判方面提供了便利条件。审判公开不仅仅是对诉讼参与人的公开，更是要将审判过程向社会公众公开。法院组织一次正式开庭，往往需要法院内部各个部门的配合。如果案件不公开审理，会有三方面益处：首先，会让审判人员、公诉人员乃至辩护人在法庭审理过程中，很多法庭程序会被省略，无形之中审判节奏会加快，整个法庭审判会在较短时间内完成。其次，未成年被告人在较封闭的环境中，心理上处于较为放松的状态，可以专注于诉讼活动，进而使法庭审理更加顺畅。最后，会减少法院的组织程序和工作量，如减少执庭法警的数量和法庭设施管理人员工作量等。

第六，整个未成年人刑事审判程序最主要的内容是审前准备程序和法庭审理程序，对未成年人刑事审判程序的简易化当然也应该是这两个程序上的简化。前文对几个国家简易程序的分析也得出了这样的结论。

按照一般的审判演进过程，无论是普通刑事审判还是未成年人刑事审判，审前准备程序只是为了保证法庭审理程序能够迅速而顺利进行，由法院和诉讼关系人进行的准备活动，但是从整个刑事诉讼程序来看，案件由公诉机关向法院提起公诉开始，法院就已经开始接触案件了。在我国，由于不是实行起诉状一本主义的起诉模式，所以案件到法院以后，负责审前准备程序的审判人员对案件会有一个大概的认识，也就是说法院有机会在正式法庭审理之前处理案件，这就为设置省略正式法庭审理程序的未成年人刑事审判提供了简易化的可能性。另外，在我国的刑事侦查实践中还存有大量的被告人犯罪时被及时抓获的未成年人犯罪案件。针对这些案件，可以借鉴意大利的快速审判程序，通过加快审查起诉案件速度，让案件在最短时间内交付法院审判。

意大利法学家贝卡利亚指出，"诉讼本身应该在尽可能短的时间内结束"，"惩罚犯罪的刑罚越是迅速和及时，就越是公正和有益"。① 从审判结果公正的角度看，未成年人刑事审判同样也是这样。我国法院分为四个等级，按照法律的规定，大部分一审案件由基层法院和中级法院管辖。② 由于我国《刑法》规定犯罪时未满18周岁的未成年人不适用死刑，且对已满14周岁不满18周岁的未成年人犯罪应该从轻或者减轻处罚，所以绝大部分未成年人犯罪案件的第一审程序是在各地基层法院进行的。按照《刑事诉讼法》的规定，我国未成年人刑事案件审判的简化程序是简易程序，这种简易程序同样适用于普通刑事案件的审理。从本质上讲，未成年人刑事审判的简易化是未成年人刑事审判的要求，也是实现迅速简化审判原则的需要。未成年人刑事审判的实践，已经证实了非正式的处理方式只能导致未成年被告人的权益受到伤害，出现更多不公平的个案现象，所以未成年人刑事审判必须采用正式的现代的审判方式和程序。

简易化程序适用的条件是被告人认罪或者案件事实清楚、证据确实

---

① [意] 贝卡利亚：《论犯罪与刑罚》，黄风译，中国大百科全书出版社1993年版，第56页。
② 我国《刑事诉讼法》第二十一条规定："中级人民法院管辖下列第一审刑事案件：（一）危害国家安全、恐怖活动的案件；（二）可能判处无期徒刑、死刑的普通刑事案件。"第二十条规定："基层人民法院管辖第一审普通刑事案件，但是依照本法由上级人民法院管辖的除外。"

充分的案件。在保证审判公正方面，未成年人刑事审判简易化时需要达到以下最低要求：审判方在审判程序中的中立地位和在裁判时的程序自治、程序及时；控辩双方的对等地位和获得审判方的平等关注；审判方和公诉方在审判程序中要坚持理性原则；所有诉讼参与人能亲自参加，始终在场，且参与充分有效。其实这也是当前刑事审判的基本要求。在正式审判程序中实现简易化，是一个司法实践和法学研究互相促进的互动过程，是一项复杂而长期的系统工程。

【规范性文件】

最高人民法院

关于认真学习贯彻《中华人民共和国家庭教育促进法》的通知

2021 年 12 月 15 日 　　　　　　　　　　法〔2021〕330 号

各省、自治区、直辖市高级人民法院，解放军军事法院，新疆维吾尔自治区高级人民法院生产建设兵团分院：

《中华人民共和国家庭教育促进法》（以下简称《家庭教育促进法》）已由第十三届全国人民代表大会常务委员会第三十一次会议通过，将于 2022 年 1 月 1 日起施行。《家庭教育促进法》明确规定，人民法院要发挥职能作用，配合有关部门共同做好家庭教育工作。为切实做好《家庭教育促进法》贯彻实施工作，现就有关事项通知如下。

一、提高政治站位，充分认识《家庭教育促进法》的重要意义

党的十八大以来，习近平总书记站在培养担当民族复兴大任时代新人、确保党和国家事业后继有人的高度，就家庭教育作出一系列重要论述，就注意家庭、家教、家风提出了一系列新理念新思想新要求。《家庭教育促进法》是贯彻落实习近平总书记重要论述精神和中央决策部署的重大法治成果。这部法律以立德树人为主线，以法律手段调动全社会力量共同做好家庭教育，为未成年人全面健康成长营造良好的家庭环境，进一步健全了中国特色社会主义法律体系，进一步完善了未成年人保护体系，具有重大而深远的意义。

各级人民法院要坚持以习近平新时代中国特色社会主义思想为指导，深入贯彻习近平法治思想，认真落实以人民为中心的发展思想，以对党负责、对国家负责、对人民负责的态度，切实做好《家庭教育促进法》学习宣传贯彻落实工作。要组织开展学习培训，深刻认识立法意义，准确把握立法精神。要将这部法律与民法典、未成年人保护法、预防未成年人犯罪法等法律的学习宣传贯彻实施工作结合起来，融会贯通，有效衔接，全面准确理解，严格落实法律要求，加强未成年人司法保护，确保法律有效实施。

二、增强责任意识，切实发挥审判职能作用

各级人民法院要进一步深化家事审判和未成年人审判改革，进一步丰富家事审判和未成年人审判的工作内容，严格贯彻落实《家庭教育促进法》的相关规定。对涉及未成年子女的离婚案件，要为夫妻双方提供家庭教育指导。对未成年人实施严重不良行为或者犯罪行为的案件，未成年人的父母或者其他监护人不正确实施家庭教育侵害未成年人合法权益的案件，以及因家庭教育缺失或者不当导致未成年人受侵害的案件，要根据情况对未成年人的父母或者其他监护人予以训诫，并可以责令其接受家庭教育指导。要探索组建专业化家庭教育指导队伍，探索建立规范化家庭教育指导工作机制；必要时，可以引入专业社会力量提供个性化的家庭教育指导。对涉及未成年人的案件，要加强定期回访、跟踪帮教和关心救助等工作，提供持续的家庭教育指导和帮助。

要结合案件审判，大力弘扬社会主义核心价值观、中华民族优秀传统文化、革命文化、社会主义先进文化，引导家庭教育以立德树人为先，引导未成年人树立家国情怀、增强法治意识和道德观念、增强自我保护的意识和能力，保障和促进未成年人全面健康成长。

三、强化协同配合，认真落实联动保障要求

各级人民法院要积极延伸审判职能，配合同级人民政府及其有关部门建立家庭教育工作联动机制，共同做好.家庭教育工作。在办理案件过程中，要关注留守未成年人、服刑人员等特殊家庭，以及城乡结合部、困境儿童集中等重点地区家庭，积极协调相关部门为他们提供创业就业等服务，创造家庭教育条件，必要时给予适当的司法救助。要依法妥善审理涉"双减"政策类案件，配合相关部门开展家庭教育创新实践，引导家长更加关注孩子德智体美劳全面发展。要加强与网信等相关部门的协作配合，共同治理网络不良文化，规范直播、网络游戏等产业发展，树立正确的网络价值导向，为家庭教育营造良好的网络环境。要依托法院丰富的案件资源，充分运用司法大数据，围绕案件反映出的共性问题和治理难点，有针对性地加强调查研究，向有关单位或部门提出司法建议，为完善家庭教育国家支持和社会协同措施提供支持。

四、创新普法形式，深入开展法治宣传工作

各级人民法院要认真贯彻落实"谁执法谁普法"责任制，深入细致地开展好《家庭教育促进法》的普法宣传工作。要丰富普法宣传内容，围绕家庭、家教、家风，将《家庭教育促进法》与民法典、未成年人保护法、预防未成年人犯罪法、反家庭暴力法等法律相结合，同宣传、共普法。要创新普法宣传形式，充分利用微信公众号、微博等新媒体，通过典型案例、法治微电影、法官进社区、进家庭等群众喜闻乐见的方式，提升普法实效，真正让《家庭教育促进法》走到百姓家、走进父母心。各级人民法院要将家风建设纳入单位文化建设，积极支持干警参与家庭教育培训和服务活动，组织干警参加"最美家庭"等评选，从自己做起，带动周围的父母切实履行好家庭教育主体责任，用正确的思想、方法和行为教育未成年人。

做好《家庭教育促进法》学习贯彻工作，意义重大、责任重大，各

级人民法院要高度重视，结合当地实际，切实贯彻落实。在贯彻实施过程中积累的好经验好做法好案例，请及时层报最高人民法院少年法庭工作办公室。

请各高级人民法院及时将本通知传达至辖区中级、基层人民法院。

民政部
关于开展全国未成年人保护示范创建的通知

2021 年 8 月 18 日　　　　　　　　　　　民函〔2021〕68 号

各省、自治区、直辖市民政厅（局），计划单列市民政局，新疆生产建设兵团民政局：

为深入贯彻落实党中央、国务院关于未成年人保护工作的重大决策部署和《中华人民共和国未成年人保护法》，全面总结推广各地未成年人保护工作的实践经验和有效做法，充分发挥示范引领、典型带路、辐射带动作用，推动新时代未成年人保护工作高质量发展，经报全国评比达标表彰工作协调小组批准，商国务院未成年人保护工作领导小组有关成员单位同意，决定组织开展全国未成年人保护示范创建。现就有关事项通知如下：

一、总体要求

坚持以习近平新时代中国特色社会主义思想为指导，深入学习贯彻习近平总书记关于未成年人保护工作的重要指示精神，全面贯彻党的十九大和十九届二中、三中、四中、五中全会精神，落实党中央、国务院关于未成年人保护工作的重大决策部署，以打造未成年人保护工作示范地区为驱动，以依法保护未成年人合法权益、促进未成年人全面发展为目标，以构建未成年人家庭保护、学校保护、社会保护、网络保护、政府保护、司法保护"六位一体"的未成年人保护工作体系为重点，坚持问题导向，优化顶层设计，着力创建一批领导重视、制度健全、机制有效、措施有力、服务规范的未成年人保护工作示范地区，为建立健全与经济社会发展相适应的中国特色未成年人保护制度积累经验、提供示范。

二、基本原则

一是坚持党的领导。将坚持党的领导贯穿未成年人保护工作全过程。示范创建地区要将未成年人保护工作纳入重要议事日程、国民经济和社会发展规划及相关绩效评价，着力完善政策制度和保障措施，进一步明确部门职责和任务分工，加强部门沟通协作，细化业务流程和工作要求，充分发挥群团组织优势，广泛动员社会力量参与。

二是坚持最有利于未成年人的原则。把依法保障未成年人生存权、发展权、受保护权、参与权作为示范创建的出发点和落脚点，从未成年人身心发展特点出发完善相关制度、谋划相关工作，切实维护好未成年人的合法权益。

三是坚持机制创新。统筹协调多种资源，注重创新制度设计，用心打造示范模式，着力健全符合未成年人身心发展需要的工作机制，努力创建适应新时代经济社会发展的未成年人保护工作体系。

四是坚持强化基层能力。强化落实基层政府及部门职责，通过购买社会服务、设立公益岗位、培育社会工作服务机构、招募使用志愿者、加强培训等多种方式，进一步推动和加强基层工作队伍建设，提升基层工作能力。

三、创建范围和条件

全国未成年人保护示范创建以县（市、区、旗）及直辖市的区（县）为主要对象，以《全国未成年人保护示范县（市、区、旗）创建达标体系（试行）》（以下简称《创建达标体系》，见附件1）为工作目标，突出政治标准和创建质量，严控数量，优中选优，原则上每两年开展一次。达到申报条件的县（市、区、旗）可以申报全国未成年人保护示范县（市、区、旗）。首次示范创建拟命名全国未成年人保护示范县（市、区、旗）不超过150个。

四、创建程序

（一）自愿申报。各县（市、区、旗）对照《创建达标体系》进行自评，对工作基础好、实绩突出、积极性高、经创建能够达到工作标准要求的，可以填写《全国未成年人保护示范县（市、区、旗）申报表》（以下简称《申报表》，见附件2），经地市级民政部门查验，向省级民政部门申报。首次自愿申报应于2021年10月底前完成。

（二）初步推荐。省级民政部门牵头对自愿申报县（市、区、旗）进行严格把关，本着从严从实、优中选优的原则，向民政部报送拟创建地区推荐名单。首次初步推荐应于2021年11月底前完成。对存在《创建达标体系》负面工作清单项中一项及以上事项的不予推荐。首次初步推荐比例一般不得高于本省份县（市、区、旗）总数的6%（直辖市和新疆生产建设兵团结合实际视情推荐），整体工作基础较好的省份可以酌情增加推荐比例。

（三）全面创建。创建县（市、区、旗）要对照《创建达标体系》，制定创建方案，健全体制机制，强化工作落实，整体推进，固强补弱，确保创建工作取得实实在在的效果。

（四）省级评价。省级民政部门牵头，会同省级未成年人保护工作领导小组（委员会）有关成员单位，对创建县（市、区、旗）的创建效果进行量化考核（具体考核细则由民政部另行制定印发），并将评价结果以及相关材料报送民政部。首次省级评价应于2022年3月底前完成。

（五）评估核实。民政部牵头，会同国务院未成年人保护工作领导小组有关成员单位，参考省级评价意见，通过书面调阅材料、组织评估工作组或采取交叉评估、第三方独立评估等形式，按照一定比例对创建县（市、区、旗）进行抽查评估核实。首次评估核实应于2022年4月底前完成。

（六）公示命名。根据评估核实情况，组织国务院未成年人保护工作领导小组成员单位有关人员及专家进行评审，提出示范地区建议名单，经征求国务院未成年人保护工作领导小组成员单位意见后，确定示范地区候选名单，并按照相关要求进行公示，对公示无异议的县（市、区、旗）予以确认。首次命名应于2022年5月底前完成。

五、工作要求

（一）加强组织领导。各地要及时向同级党委和政府汇报，把示范创建作为深入贯彻党中央、国务院关于未成年人保护工作决策部署和《中华人民共和国未成年人保护法》的一项重要举措，纳入重要议事日程和工作重点，做好动员部署。各地要科学制定工作计划和实施方案，协同相关部门明确细化职责分工和具体任务，着力突破重点难点、改善薄弱环节，使示范创建真正成为全面加强未成年人保护工作、推动建立与经济社会发展相适应的未成年人保护制度的重要抓手。

（二）强化保障措施。各地要通过制度创新、政策倾斜、措施加力、服务拓展等方式，强化政策创新和制度供给。要通过购买社会组织服务、设立公益岗位、设立社会工作和志愿服务站、培育社会工作服务机构等渠道，采取细化工作任务、制定工作指导和流程标准、加强培训等方式，强化工作能力建设。各地应根据实际工作需要，统筹安排相关资金支持示范创建工作，研究奖励措施，加强激励机制建设。

（三）注重工作实效。各地要严格工作要求，确保自愿申报客观务实，考察推荐公正全面，工作成果扎实有效。要将解决未成年人的实际问题、促进其健康成长的实际需要作为示范创建的重心和落脚点。要坚持深耕细作，不搞花架子，不打绣花拳，实实在在提升未成年人的获得感、幸福感和安全感。要及时总结示范创建工作典型经验，切实发挥示范引领作用。

（四）强化监督管理。加强未成年人保护示范创建的调研评估，推动示范地区全面达到示范标准。建立退出机制，加强动态管理，每年对已经获得"全国未成年人保护示范县（市、区、旗）"称号的按照一定比例进行抽查复核，对工作不达标或发生重大侵害未成年人权益事件或案件、造成恶劣社会影响的，取消其示范称号，确保示范创建活动的权威性、影响力和示范作用。

附件：

1. 全国未成年人保护示范县（市、区、旗）创建达标体系（试行）（略）

2. 全国未成年人保护示范县（市、区、旗）申报表（略）

【地方工作】

湖北省高级人民法院
关于印发《未成年人犯罪记录封存实施办法（试行）》的通知

2021 年 8 月 13 日　　　　　　　　　鄂高法〔2021〕81 号

全省各级人民法院、武汉铁路运输中基层法院：

为依法贯彻落实未成年人犯罪记录封存制度，进一步规范执法程序，确保制度发挥实效，结合工作实际，我院制定了《未成年人犯罪记录封存实施办法（试行）》，请遵照执行。执行中遇到的问题，逐级报送我院。

未成年人犯罪记录封存实施办法（试行）

第一条　为依法严格落实未成年人犯罪记录封存制度，加强对犯罪未成年人的教育、感化、挽救，切实维护未成年人的合法权益，根据《中华人民共和国刑事诉讼法》《中华人民共和国未成年人保护法》《中华人民共和国预防未成年人犯罪法》等法律法规及相关司法解释的规定，结合湖北法院工作实际，制定本办法。

第二条　犯罪的时候不满十八周岁，被判处五年有期徒刑以下刑罚以及免予刑事处罚的未成年人的犯罪记录，人民法院应当封存。

前款所称"犯罪记录",是指人民法院在刑事诉讼和刑罚执行过程中形成的有关未成年人犯罪的全部案卷材料、电子档案,以及可能推断出未成年人犯罪信息的材料。

第三条　具有下列情形之一的,不适用犯罪记录封存:

(一)未成年人数罪并罚后,决定执行超过五年有期徒刑的;

(二)未成年人在年满十八周岁前后分别实施犯罪行为,在同一案件中一并处理的。

第四条　对符合未成年人犯罪记录封存条件的,人民法院应当在作出生效判决、裁定时封存犯罪记录,并作出《未成年人犯罪记录封存通知书》(见附件1)。生效判决、裁定由第二审人民法院作出的,应当通知下级人民法院封存犯罪记录。

第一审人民法院应当在作出或收到《未成年人犯罪记录封存通知书》后5日内,送达未成年人及其法定代理人、公安机关、检察机关、司法行政机关。必要时,还应当送达未成年人原就读学校、住所地社区等相关单位或人员。

第五条　对犯罪记录被封存的未成年人,人民法院应当在送达《未成年人犯罪记录封存通知书》时,告知其具有免除犯罪记录报告义务的权利;对其请求出具无犯罪记录证明的,应当予以协助。

第六条　未成年人及其法定代理人认为未成年人符合犯罪记录封存条件,但人民法院未予封存的,可以向作出生效判决、裁定的人民法院申请封存。作出生效判决、裁定的人民法院应当作出是否封存的决定。

第七条　人民法院应当将拟封存的犯罪记录、卷宗材料装订成册,封面加盖"未成年人犯罪记录封存"印章等明显标识,并建立专门档案库,实行专门管理。

人民法院应指派专人对拟封存的犯罪记录、卷宗材料电子档案进行管理,可在信息系统中设置专门板块或严格设置系统登陆密码予以封存。

第八条　人民法院受理的未成年人与成年人共同犯罪案件,一般应当分案审理。

分案审理的未成年人符合犯罪记录封存条件的，应当封存；在分案审理同案成年人的案件中，不得披露可能推断出未成年人犯罪信息的内容。未分案审理的未成年人符合犯罪记录封存条件的，应当全案封存。

人民法院审理其他案件，因办案需要使用了被封存的未成年人犯罪记录的，应当在相关卷宗材料封面注明"含未成年人犯罪记录封存信息"等标识，并按本办法第七条进行管理。

第九条 人民法院对开庭审理时被告人不满十八周岁的案件，一律不公开审理。对依法公开审理，但可能需要封存犯罪记录的案件，不得组织人员旁听；有旁听人员的，应当告知其不得传播案件信息。

在刑事诉讼过程中，因工作原因知悉未成年人犯罪信息的诉讼参与人、社会调查员及未成年人所在学校、社区居委会、村委会、教育行政部门、未成年人保护组织等人员和单位，人民法院应当告知其履行保密义务。

第十条 犯罪记录被封存的，不得向任何单位和个人提供，但司法机关为办理案件需要或者有关单位根据国家规定进行查询的除外。

本办法所称"办案需要"，是指司法机关为办理刑事案件和未成年人犯罪记录对认定事实可能产生影响的其他案件，需要查询未成年人犯罪记录的。

本办法所称"国家规定"，是指全国人民代表大会及其常务委员会制定的法律和决定，国务院制定的行政法规、规定的行政措施、发布的决定和命令。

第十一条 司法机关和有关单位申请查询封存的未成年人犯罪记录的，人民法院应当告知其提供查询的理由和依据，并及时作出是否同意的决定。

人民法院案件原承办部门负责对查询申请进行审查，并报分管副院长审批。对符合查询条件的，应当准许；对不符合查询条件的，不予准许并说明理由。

第十二条 司法机关查询未成年人犯罪记录，可以查阅、摘抄、复制相关案卷材料和电子信息。

其他单位查询未成年人犯罪记录，人民法院应当根据其提出的查询理由、依据、犯罪记录使用范围，决定其查询的方式。

第十三条 人民法院应当要求申请查询的单位及相关人员签署《保密承诺书》（见附件2），严格按照查询目的和使用范围使用有关信息，履行保密义务。

第十四条 人民法院应当对查询情况进行登记，并按照档案管理的规定，将有关申请、审批材料、保密承诺书等材料归档保存。

第十五条 申请查询已被全案封存的同案人的犯罪记录，或者申请查询含有被封存犯罪记录的其他案件的，参照本办法的规定执行。

第十六条 对违反规定泄露未成年人犯罪记录，或不按规定使用查询的信息致犯罪记录被泄露的，人民法院可以视情节作出处理或追究相关人员的责任。

情节轻微的，予以训诫；情节严重的，发出司法建议函，建议有关单位依法对直接责任人员给予处分；构成犯罪的，移送司法机关，依法追究刑事责任。

第十七条 具有下列情形之一的，人民法院应当解除封存：

（一）发现漏罪，漏罪与封存记录之罪数罪并罚，决定执行超过五年有期徒刑刑罚的；

（二）又犯新罪，新罪与封存记录之罪数罪并罚，决定执行超过五年有期徒刑刑罚的；

（三）经审判监督程序改判超过五年有期徒刑刑罚的；

第十八条 人民法院决定解除封存的，应当制作《未成年人犯罪记录解除封存通知书》（见附件3），送达被解除封存的人或其近亲属和有关司法机关。

第十九条 人民法院对本办法试行以前审结的案件，符合犯罪记录封存条件的，应当根据档案管理的实际情况予以封存；未封存的，经符合封存条件的人或其近亲属申请，由第一审人民法院审查并作出决定。

第二十条 本办法自发布之日起试行。法律和司法解释有明确规定的，依照有关法律和司法解释执行。

附件 1

未成年人犯罪记录封存通知书

___（公安机关、检察机关、司法行政机关等）___：

我院审理的_____一案，于__年 __月 __日作出判决：(判决内容)，该判决现已生效。

根据《中华人民共和国刑事诉讼法》第二百八十六条第一款之规定，犯罪的时候不满十八周岁，被判处五年有期徒刑以下刑罚的，应当对相关犯罪记录予以封存。现被告人____（未成年人姓名）____符合犯罪记录封存条件，请按照法律规定对其犯罪记录予以封存（保密）。

年 月 日
（院印）

附件 2

保密承诺书

（查询单位用）

_____：

为了____（查询事由）____，我（我们）受____（查询单位）____委派，查询贵单位封存的____（案件名称）____有关信息。为保证该案未成年人犯罪记录不被泄露，特作出以下承诺：

1. 查询获得的未成年人犯罪记录仅用于以上事由，不作其他用途。

2. 对查询获得的未成年人犯罪记录，严格保密，不擅自泄露或向第三方个人和单位提供。

3. 如违背以上承诺，本人将承担法律后果及责任。

承诺人：　　　　单位
年　月　日

附件3

<h2 style="text-align:center">未成年人犯罪记录解除封存通知书</h2>

　　____(公安机关、检察机关、司法行政机关等)____：

　　未成年人____(姓名)____因犯_____罪，于__年__月__日被__ ____法院判处_____，相关犯罪记录已封存。

　　现____(姓名)____因____(解除封存的事由)____，不再符合《中华人民共和国刑事诉讼法》第二百八十六条第一款规定的未成年人犯罪记录封存条件，故请按照法律规定，对其前述已封存的犯罪记录解除封存。

年　月　日
（院印）

四川省泸州市中级人民法院关于印发《涉未成年人案件开展家庭教育指导工作指引（试行）》的通知

（2021年12月29日）

各区县人民法院，本院相关业务庭室：

为提升父母或者其他家庭成员的家庭教育能力和水平，筑牢未成年人家庭保护防线，最大化维护未成年人合法权益，全市两级法院将在涉未成年人案件中试行开展家庭教育指导。现将《涉未成年人案件开展家庭教育指导工作指引（试行）》印发你们，请在审理涉未成年人案件时参照适用。如在实践中遇到新情况、新问题请及时反馈中院少审庭。

特此通知。

四川省泸州市中级人民法院涉未成年人案件开展家庭教育指导工作指引（试行）

为提升父母或者其他监护人的家庭教育能力和水平，筑牢未成年人家庭保护防线，促进涉未成年人案件矛盾纠纷实质化解，最大限度保护未成年人合法权益。根据《中华人民共和国家庭教育促进法》《中华人民共和国未成年人保护法》《中华人民共和国预防未成年人犯罪法》的有关规定，结合审判实践经验，特制定本暂行意见。

第一条　涉未成年人案件是指，一方当事人是未成年人或者案件处理结果与未成年人具有利害关系的民事、行政案件，以及被告人是未成年人或者被害人是未成年人的刑事案件。

第二条　开展家庭教育指导应当坚持未成年人权益"特殊、优先"保护、适应未成年人身心健康发展的规律和特点、听取未成年人意见、保护当事人的个人隐私和信息、禁止泄露审判秘密等原则。

第三条　人民法院审理涉未成年人子女抚养的离婚案件，抚养权、抚养费、探望权纠纷案件，未成年人申请人身安全保护令案件，申请撤销监护权案件，确认亲子关系纠纷案件等，应当开展家庭教育指导。

第四条　人民法院审理涉未成年人案件，发现有下列情形之一的，应当开展家庭教育指导：

（一）父母或者其他监护人对未成年人实施家庭暴力或者其他侵害未成年人合法权益；

（二）父母或者其他监护人不履行监护责任或者履行监护责任不当，导致未成年人身心受损或者未成年人遭受他人侵害；

（三）父母或者其他监护人失教失管，导致未成年人犯罪或者侵害他人合法权益；

（四）其他需要开展家庭教育指导的情形。

审理涉未成年人案件过程中，父母或者其他监护人主动申请开展家庭教育指导的，应当为其提供家庭教育指导。

第五条　对涉未成年人案件开展家庭教育指导，按照以下程序进行：

（一）人民法院受理涉未成年人案件，应当告知当事人可以申请家庭教育指导；

（二）人民法院审理涉未成年人案件应主动将上述第四条规定情形纳入法庭调查的范围，对存在上述第三条、第四条规定情形的，告知家庭教育指导对象接受家庭教育指导的时间和地点并记录在案或者作出《责令接受家庭教育指导令》发送家庭教育指导对象；

（三）办案法官应当及时联系家庭教育指导师，将开展家庭教育指导的时间、地点、案件的基本情况等告知家庭教育指导师，协助做好家庭教育指导工作。必要时，经庭长同意，家庭教育指导师可以阅卷；

（四）督促家庭教育指导师按要求开展工作，对指导对象存在的问题作出评估，提出有针对性的指导意见，对指导对象接受家庭教育指导情况如实记录，填写记录表并及时反馈人民法院；

（五）办案法官应当认真阅读家庭教育指导记录表及反馈意见，引导父母或者监护人正确履行监护教育责任，妥善、理性化解矛盾纠纷，维护未成年人合法权益；

（六）家庭教育指导记录表应当随案归档，有条件的人民法院可以根据实际情况委托社工组织对家庭教育指导情况进行跟踪回访，督促家庭教育指导对象落实家庭教育指导意见。

第六条　人民法院可以决定在庭前调解、审理、判后回访等任一阶段对当事人开展家庭教育指导。

第七条　家庭教育指导师对当事人监护教育存在问题的评估意见及当事人接受家庭教育指导情况的反馈意见可以作为抚养权、探望权、申请撤销监护权资格等案件的参考。

第八条　人民法院责令接受家庭教育指导的父母或者其他监护人拒绝接受家庭教育指导的，应当予以训诫，并记录在案。

第九条　人民法院建立家庭教育指导师专家库，从泸州市家庭教育研究会、高校及相关社会组织中选聘具有家庭教育指导师资质或者长期从事家庭教育工作的人担任。

第十条　人民法院积极联动教体局、妇联等职能部门共建家庭教育指导工作站点，建设家庭教育指导法律实践基地，为家庭教育指导的开展提供阵地保障。

第十一条　人民法院委托专家库中的家庭教育指导师开展家庭教育指导的，应当遵循就近就便原则。家庭教育指导师不得无故推脱法院的家庭教育指导委托。

第十二条　审判人员和专家志愿者应当严格遵守法律、法规和职业操守，严格保守审判秘密和个人隐私。

第十三条 开展家庭教育指导工作应纳入对法官及辅助人员考核加分权重系数。

第十四条 本工作指引从2022年1月1日起开始施行。

附件：1.××××人民法院责令接受家庭教育指导令（略）

2.××人民法院开展家庭教育指导记录表（略）

3.家庭教育指导师专家库泸州市家庭教育指导师专家库（略）

广西法院未成年人审判工作白皮书（2016—2021）

广西壮族自治区高级人民法院

2021年11月

前　　言

一、未成年人审判工作基本情况

二、深化未成年人一体化改革，推进未成年人保护新格局

（一）加强组织领导，深化少年法庭改革

（二）健全长效机制，推动少年家事审判融合

（三）形成联动合力，构建未成年人社会观护体系

三、聚焦犯罪防控和权益保护，促进未成年人审判新发展

（一）贯彻教育惩戒方针，积极挽救涉罪未成年人

（二）坚持零容忍态度，严惩侵害未成年人犯罪

（三）全力维护民事权益，推进民族特色解纷机制

四、延伸帮教矫治救助，实现未成年人教育新突破

（一）创新回访帮教模式，实现动态帮扶全覆盖

（二）搭建社会衔接桥梁，帮助罪错少年回归社会

（三）探索全流程帮扶，构建"司法救助+"体系

五、积极参与社会综合治理，开创未成年人保护新举措

（一）广泛运用多媒体平台，强化法治宣传教育

（二）大力推进法治进校园，全方位落实普法责任

（三）结合乡村法治建设，完善留守困境儿童关爱措施

（四）加强行业监管，充分发挥司法建议作用

结束语

附录：广西法院未成年人审判工作活动图集

前 言

党的十八大以来，以习近平同志为核心的党中央对未成年人保护工作多次作出重要指示，提出全社会都要关心关爱少年儿童，为少年儿童茁壮成长创造有利条件，强调"孩子们成长得更好，是我们最大的心愿！"。最高人民法院对新时代未成年人审判工作作出决策部署，自治区党委、政府以维护未成年人合法权益为目标，打造家庭保护、社会保护、学校保护、司法保护、政府保护、网络保护新格局。广西法院高度重视未成年人审判工作，认真贯彻党中央、自治区党委关于加强未成年人保护精神，严格落实《未成年人保护法》《预防未成年人犯罪法》《家庭教育促进法》《最高人民法院关于新时代未成年人审判工作的意见》，牢固树立最有利于未成年人原则，切实做好未成年人保护和犯罪预防工作，促进完善中国特色社会主义少年司法制度。

广西法院坚持全面、双向保护原则，求实创新，主动担当，依法惩戒预防未成年人犯罪，严惩针对未成年人暴力、性侵害、拐卖等犯罪和利用未成年人实施的违法犯罪，维护未成年人合法权益，切实履行司法保护职责。深化少年法庭改革，完善未成年人审判机制与组织建设。以矫治救助和法治教育为着力点，延伸判后帮扶工作，积极参与社会综合治理，助力乡村振兴，成效显著。2016年以来，全区未成年人生效判决罪犯人数总体呈下降趋势，占比由4.99%降至4.15%，重新犯罪率较低。北海市中级人民法院审判撰写案例，入选最高人民法院公布利用互联网侵害未成年人权益十大典型案例；柳州市柳北区人民法院审理的为困境儿童指定监护人一案，入选最高人民法院弘扬社会主义核心价值观十大典型民事案例，未成年人审判工作取得良好成效。同时涌现出一批先进集体与个人。广西壮族自治区高级人民法院多次在《全国部分法院儿童

权益司法保护研讨暨培训活动》等全国会议上做经验发言,广西壮族自治区高级人民法院刑三庭、民一庭、桂林市中级人民法院民一庭、钦州市浦北县人民法院等荣获"全国维护妇女儿童权益先进集体",南宁市青秀区人民法院荣获"全国优秀青少年维权岗",形成以文慧新、吴媚媚、陈彦冰、韦欣、何徽为代表的优秀未成年人审判队伍,得到社会各界充分肯定。广西法院拍摄的《叶子的秘密》《一个都不能少》等多部微电影入选全国法院十佳或优秀微电影,成绩斐然。

正值"十三五"规划与"十四五"规划交接重要时期,为记录广西法院未成年人审判工作实践,更好落实《广西壮族自治区儿童发展规划》,分享广西法院未成年人保护经验,推动全社会形成保护未成年人的良好氛围,特发布本白皮书。

一、未成年人审判工作基本情况

2016年以来,广西法院共受理未成年人刑事案件数11434件,生效判决案件数9573件,2019年后未成年人刑事案件受理数及生效判决案件数有所回落。广西未成年人犯罪总量增幅得到有效控制(见图1)。

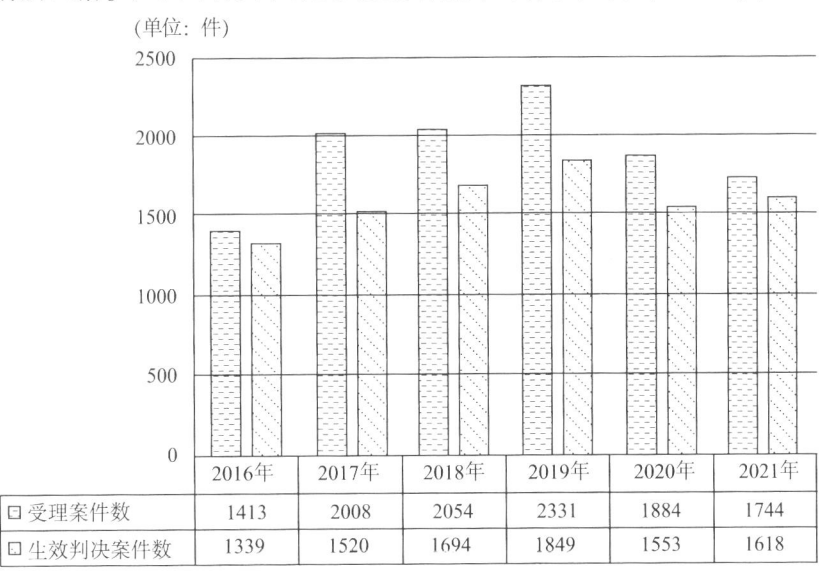

图1 2016年以来广西法院审理未成年人刑事案件情况

一是未成年人犯罪率下降,重新犯罪率低。2016年至2019年未成年人犯罪人数占比同期犯罪总人数虽有小幅度提升,但2019年至2021年有所回落,降至4.15%。未成年人重新犯罪率年均1.1%,呈现"低位运行"态势(见图2、图3)。

图2 2016年以来广西法院生效判决中未成年人犯罪情况

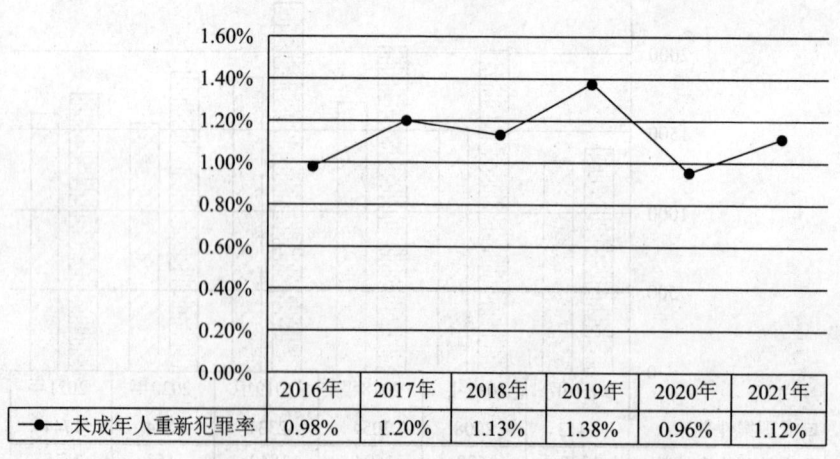

图3 2016年以来广西法院判决的未成年人重新犯罪率

二是未成年人犯罪以暴力型、侵犯财产型犯罪居多。广西法院审理未成年人刑事案件集中于盗窃、抢劫、寻衅滋事、故意伤害、强奸等五类案件，占比近75%，这五类犯罪共同特点是突发性较强、带有一定盲目性，这与未成年人情绪不稳定、容易冲动特性相关。其中抢劫罪、强奸罪占比持续升高，抢劫罪占比由4.32%升至21.89%，强奸罪占比由4.71%升至10.36%（见图4）。

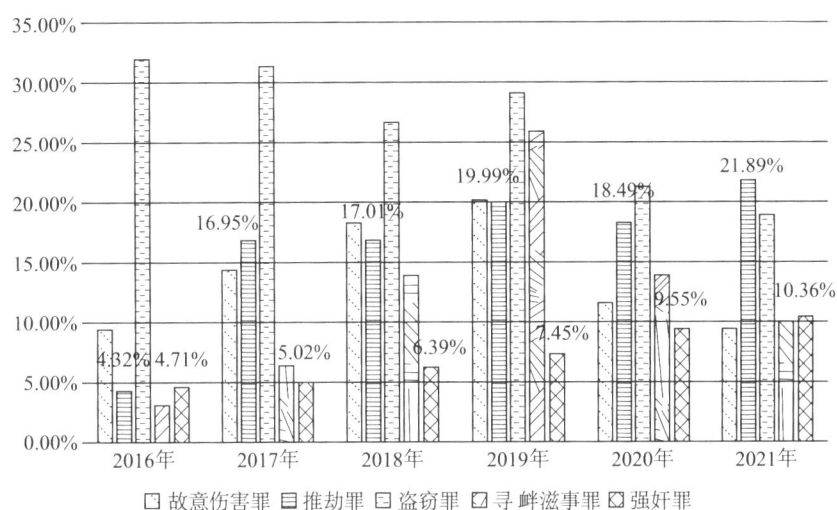

图4 2016年以来广西法院审理的未成年人犯罪主要类型

三是被判处五年以下有期徒刑等刑罚的未成年人占绝大多数。2016年以来，广西法院生效未成年被告人数为13286人，其中五年以上有期徒刑、无期徒刑1007人，占比为7.58%，五年以下有期徒刑12279人，占比为92.42%，判处缓刑、管制、单处罚金人数为2248人，免予刑事处罚67人（见图5）。

四是涉未成年人民事案件调撤率较高。2016年1月至2021年10月，全区法院共受理一审家事案件299717件，结案291060件，调撤164449件，调撤率达56.5%。涉及未成年人的民事案件主要为离婚、亲子关系、抚养、收养关系、监护权、探望权、分家析产、法定继承、遗嘱继承、被继承人债务清偿、遗赠、遗产管理、监护权、人身安全保护令等14类纠纷（见图6）。

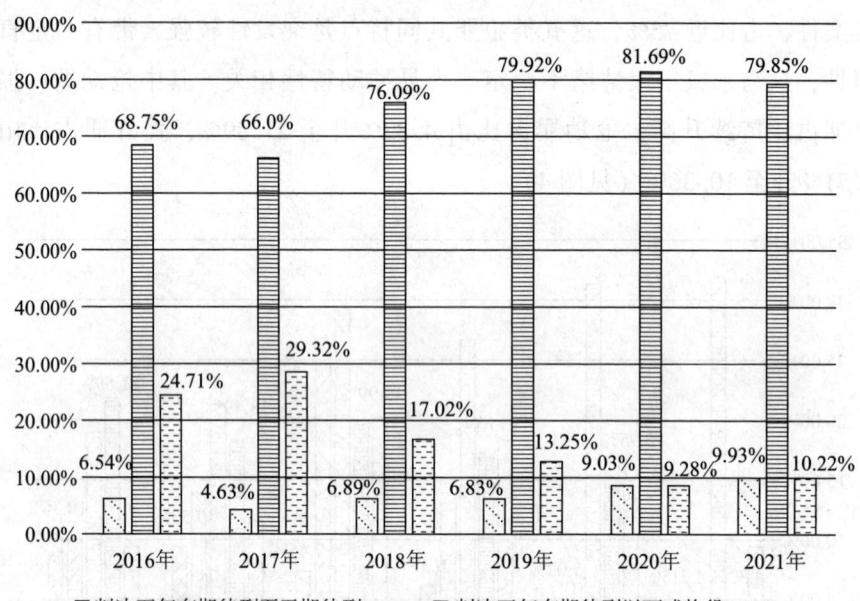

图5 2016年以来广西法院未成年被告人生效判决情况

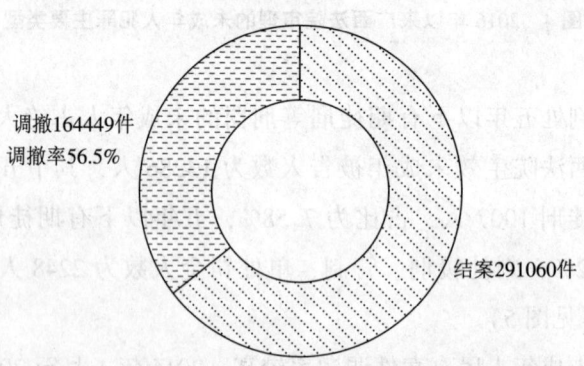

图6 2016年以来广西法院一审家事审判调撤率

五是实现少年法庭全覆盖。广西法院为更好贯彻落实《最高人民法院关于加强新时代未成年人审判工作的意见》，加快推进少年法庭改革，共有125个法院挂牌成立少年法庭,组成至少有1名女性员额法官或者法官助理的未成年人审判团队。其中,6个法院保留独立建制未成年人案件审判庭,其他法院结合实际情况在刑事庭、民事庭或综合审判庭设立少年法庭(见图7、图8)。

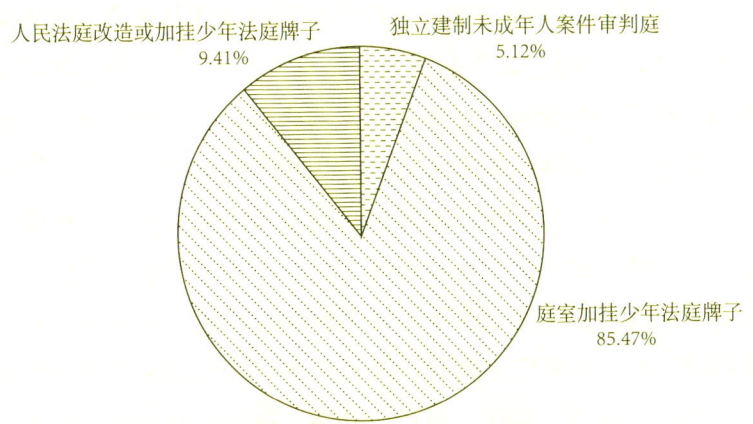

图7 2021年广西法院少年法庭机构设置情况

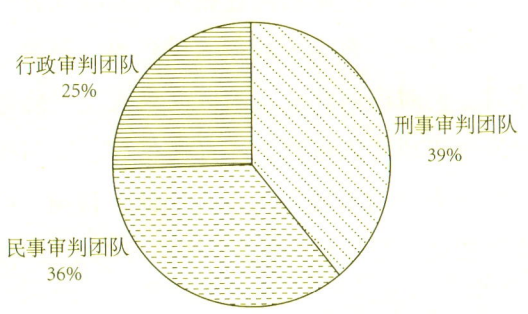

图8 2021年广西法院少年法庭审判团队分布情况

二、深化未成年人一体化改革,推进未成年人保护新格局

广西法院坚决落实自治区党委、政府关于未成年人保护工作部署,加强审判机制和组织建设,深化少年法庭改革,加快审判专业化步伐。通过建立联席会议、引入事务社工等方式,紧密联动职能部门、社会组

织，全力护航未成年人健康成长。

（一）加强组织领导，深化少年法庭改革

一是设立新时代未成年人审判机制，贯彻落实少年司法改革。2021年10月，广西壮族自治区高级人民法院出台《关于加强新时代未成年人审判工作的实施意见》（以下简称《实施意见》），加大对广西法院未成年人审判工作的组织领导、统筹协调、调查研究、业务指导。《实施意见》结合广西工作实际，从总体要求、组织管理、工作职责、工作措施、工作要求五个方面，对广西法院探索和加强未成年人审判工作提供指导性意见。二是统一建立少年法庭领导小组，压实领导第一责任。广西壮族自治区高级人民法院成立少年法庭工作领导小组，并将办公室下设至刑事审判第三庭，负责组织领导、统筹协调。各级法院设立少年法庭工作领导小组，由刑事、民事、行政、立案、执行、办公室、宣传等部门组成，院长或副院长担任组长，负责本级及辖区内少年法庭工作。三是推进少年法庭专业化建设。广西法院在相关审判庭或者人民法庭以加挂牌子的方式设立少年法庭，将涉未成年人的刑事、民事、行政等案件统一由少年法庭审理。同时广西壮族自治区高级人民法院组建未成年人审判专家库，充分发挥未成年人审判人才办案指导、培训授课等传帮带作用，打造广西法院强有力的未成年人审判团队。目前，广西已有125个法院挂牌成立少年法庭，拥有131个少审团队及292名少审员额法官。

（二）健全长效机制，推动少年家事审判融合

广西法院积极推动未成年人审判与家事审判融合，坚持一同部署、协同发展、共同提高，实现硬件设施和司法辅助人员共用、资源共享、机制共通。自2016年成立家事少年审判改革工作领导小组以来，广西法院全面推开少年家事审判融合改革并延伸至人民法庭，构建"大少审"工作格局。一是实现案件管辖集中化。柳州市两级法院全力推进集中管辖改革，建立柳州市家事少年案件审理中心，由柳州市柳北区人民法院

集中管辖柳州市四个城区未成年人案件,成为全国首创"立、调、审、执"一体化、信息化工作平台;融水苗族自治县人民法庭集中管辖融水县未成年人刑事案件及三个乡镇辖区未成年人民事案件。防城港市上思县人民法院将家事法庭和少年法庭统一设立思阳人民法庭,以加挂牌子方式设立少年法庭。二是实现人员设施共享化。广西法院在家事审判建立家事法庭、调解室基础上,增设儿童观察室或活动室,共享家事审判团队及家事调查员、调解员、心理辅导师等司法辅助人员,共同开展少年家事审判工作。南宁市西乡塘区人民法院将原未成年人审判团队归入民一庭,组建少年家事审判团队。三是积极向人民法庭延伸。柳州市中级人民法院、南宁市良庆区人民法院、南宁市江南区人民法院、崇左市宁明县人民法院被最高人民法院列入全国家事审判改革试点法院后,广西法院全面推开家事审判改革并积极向人民法庭延伸。玉林市两级法院建立"法庭+村屯"少年家事审判模式,在最高人民法院2020年的工作报告中获得肯定。

(三)形成联动合力,构建未成年人社会观护体系

一是与公、检、团委、妇联等职能部门普遍建立联席会议制度,从社会调解、救助教育、调查研究等方面紧密联动社会团体,完善"政法一条龙"及"社会一条龙"机制。广西壮族自治区高级人民法院联合公安厅、检察院等多家单位印发《关于联合开展打击治理性侵害未成年人违法犯罪"七提升"专项行动的通知》等规定,协同妇联等12家自治区级单位创建反家暴联动机制,做实事前预防、事中救助、事后救济修复工作。柳州市家事少年案件审理中心引入政府职能部门社会服务和调解机制,成立柳州市家少案件联动调处中心,开创司法援助有律协、遭受家暴有公安、庇护求助有民政、回访帮教有社工的多元解纷格局,尽可能一次性解决纠纷。桂林市七星区人民法院与桂林市七星区人民检察院建立涉未案件信息互通机制,实现辖区内涉未成年人民事和行政案件信息共享。二是建立以审判为中心的涉案未成年人社会观护体系,完善

"法官+团干部+司法社工+职能部门+志愿者"联动机制。2018年5月,广西壮族自治区高级人民法院与共青团广西区委签署《关于建立广西青少年事务社工参与涉未成年人案件纠纷解决机制的合作协议》,引进青少年事务社工参与法院审理、帮教工作。南宁市两级法院统筹建立少年司法社工站,柳州市家事少年案件审理中心设置青少年事务社工站,贵港市中级人民法院向南宁市阳光雨露社会服务中心购买涉未成年人家事审判服务,防城港市上思县人民法院组建由法官、律师、心理咨询师、少数民族干部等组成的婚姻家庭纠纷调解工作专家库,强化未成年人社会保护支持体系。

三、聚焦犯罪防控和权益保护,促进未成年人审判新发展

广西法院贯彻教育惩戒方针,严格落实未成年被告人诉讼保护程序,坚决惩治针对未成年人暴力、性侵害、拐卖等犯罪。开辟法律援助绿色通道,强化民族多元解纷工作,实现对未成年人刑事、民事权益全方位保护。

(一)贯彻教育惩戒方针,积极挽救涉罪未成年人

广西法院审理未成年人犯罪,坚持"教育、感化、挽救"方针,对主观恶性大、手段残忍、屡教不改的依法惩处,对主观恶性不大、犯罪情节较轻的依法适用非监禁刑处罚。南宁市良庆区人民法院在审理"新某社"黑社会性质组织犯罪一案时,对10名未成年被告人与6名成年被告人实施分案审理,从严把握未成年人涉黑恶犯罪认定标准,做到精准打击、有效挽救。百色市法院在开展依法打击"童婚"违法犯罪专项行动中,基于"童婚"系少数民族地区风俗习惯,坚持宽严相济刑事政策,依法对三名未成年被告人从轻处罚,加强判后释法教育,达到打击震慑犯罪、引导良好风尚效果。同时,广西法院注重庭前社会调查及指定辩护,庭审中采取圆桌审判,落实合适成年人到场制度,强化庭审教育,审后及时封存犯罪记录,增设法官"判后寄语",切实保护未成年被告人

权益。一是庭审前，及时为未成年被告人提供、指定辩护律师。加强社会调查，分析未成年被告人犯罪成因、发展及演变过程，审慎处理涉未成年人案件。河池市都安瑶族自治县人民法院将28名社会热心人士组建成立"少年法庭之友"，在审理未成年人案件时选任为社会调查员、社会观护员，为未成年人审判提供征询意见，加强人民监督，促进司法公正。二是庭审中，采用温情的圆桌审判形式，邀请妇联、团委等工作人员作为合适成年人参与案件庭审，以案释法、情理讲述、寓教于审。贺州市八步区人民法院邀请工委、妇联、团委有关工作人员、梧州市龙圩区人民法院邀请梧州市未成年人保护中心工作人员担任"临时家长"。三是庭审后，加强法律裁判文书说理教育。对被判处五年有期徒刑以下刑罚的未成年被告人，及时封存犯罪记录，减少犯罪记录对轻罪未成年人复学、就业负面影响。南宁市良庆区人民法院送达判决文书时附上为未成年被告人量身定制的"判后寄语"，做好教育和道德感化工作。

（二）坚持零容忍态度，严惩侵害未成年人犯罪

近年来，针对侵害未成年人犯罪持续上升态势，广西法院充分发挥审判职能，严厉打击各种侵害未成年人犯罪，绝不姑息。严格落实"三同步"机制，健全完善惩防机制。一是依法从严从重打击性侵未成年人犯罪。2020年以来，广西法院共依法审结侵害未成年人案件2016件2698人，判处有期徒刑五年以上刑罚802人，重刑率达29.72%。依法对灵山县杨某某侵害未成年人一案，判处死刑。重点打击强奸、猥亵等性侵未成年人的犯罪行为，依法审结性侵未成年人案件1389件1592人，判处有期徒刑五年以上刑罚711人，重刑率达44.38%。二是依法惩处危害校园安全犯罪。广西法院始终把维护校园安全作为平安广西建设重点工作，从严惩治危害校园安全犯罪行为。从严从快审理梧州市、崇左市幼儿园砍杀儿童、教师案，依法判处李某某、覃某某死刑。三是严惩利用、胁迫等手段侵害未成年人的犯罪。来宾市中级人民法院审理被告人陆某某、韦某某利用未成年人走私、运输毒品海洛因5905克一案，依法对陆某某

判处死刑，对韦某某判处死刑，缓期二年执行。

（三）全力维护民事权益，推进民族特色解纷机制

一是坚持未成年人民事权益优先保护。开辟绿色通道，坚持"优先接待、迅速立案、有效调解、快速审理"原则，及时维护未成年人人身财产权益。2016年至2021年10月，广西法院人身安全保护令签发率为87%，有效震慑侵害未成年人行为。柳州市柳北区人民法院审理李某、唐小某申请人身安全保护令、变更抚养权一案入选最高人民法院联合发布的人身安全保护令十大典型案例，河池市中级人民法院审结的广西首例申请河池市社会福利院（河池市儿童福利院）为指定监护人一案，有效保护未成年人民事权益。北流市人民法院在审理涉及子女抚养问题的离婚案件时，依托婚姻调解委员会调处，及时妥善化解矛盾。二是坚持调解前置，强化民族地区多元解纷工作。广西法院坚决贯彻落实自治区党委关于创建中华民族共同体意识示范区总体部署要求，紧扣边境地区民族特点，建立边疆民族地区巡回法庭，结合当地民族习惯，做好调解前置工作，提高多元解纷成效。钦州市钦北区人民法院大寺法庭充分发挥壮族语言认同感和亲民性优势，提升家事审判调解效率。来宾市金秀瑶族自治县人民法院运用瑶族"石牌律"规定，邀请族老、寨老参与调解，充分发挥"石牌律"、瑶族"头人"威望作用。崇左市天等县人民法院结合边境地区特点，成立"服务留守妇女儿童老人巡回法庭"，让法治阳光照亮隐秘边境乡村，保护家庭，保护孩子健康成长。

四、延伸帮教矫治救助，实现未成年人教育新突破

为使涉诉未成年人顺利回归社会，广西法院创新组团帮扶、推进远程视频矫正、建立未成年人成长档案等矫治救助模式，建立"司法救助+关爱未成年人"工作机制，有机衔接回访帮教工作与心理辅导、社区矫正工作，实现动态帮扶全覆盖。

（一）创新回访帮教模式，实现动态帮扶全覆盖

定期或不定期通过建立专人帮教档案、开展座谈会、一对一谈心、心理咨询师授课、播放家乡变化视频等形式，实现未成年服刑人员回访帮教全覆盖。梧州市万秀区人民法院依托"网络法庭"，与司法所、派出法庭、社区共建21个固定视频对接点，积极推进远程视频社区矫正。柳州市家事少年案件审理中心创建家事案件未成年人抚养、离异子女成长档案、罪错少年成长档案，坚持一案一档。南宁市中级人民法院为专门矫治学校编写《法治教育》普法教材，开展法治系列讲座，积极配合招生听证、学生结业审核工作，得到师生高度好评。

（二）搭建社会衔接桥梁，帮助罪错少年回归社会

强化与职业学校、企业衔接，发挥心理评估与家庭教育指导作用，完善"家庭监护为主体、社会监护为补充、国家监护为兜底"未成年人监护制度。一是注重心理评估帮扶。南宁市中级人民法院与广西社会心理学会、广西大学、广西未管所等部门合作，构建"少年法庭法官心理咨询师+社会专职心理咨询师+监所心理咨询师"心理矫治工作架构，在全市法院推行"心蕾"少年司法科研项目，获2017年全国青少年心理行业创新创业奖。二是增强家庭教育指导，提升家庭监护能力。为贯彻落实《未成年人保护法》及《家庭教育促进法》，广西法院重点关注离异家庭、收养家庭、农村留守未成年人家庭、强制戒毒人员家庭、服刑人员家庭、残疾人员家庭、受侵害未成年人家庭，配合做好失职父母亲职教育，提升家庭监护能力。百色市右江区人民法院对未成年人父母或者其他监护人存在监护教育不当或者失管失教行为，及时向行为人发出责令家庭教育指导令，召开特殊"家长会"。三是加大与职业学校、企业衔接力度。为帮助未成年罪犯顺利回归社会，积极动员社会力量，建立培训就业基地，多渠道筹措帮扶基金，组建企业爱心帮教团和少年公益服务组织。梧州市两级法院与职业中学设立就业技能培训班，百色市右江

区人民法院与百色市右江区职业技术学校共建非监禁刑未成年人职业技能培训基地，玉林市两级法院与玉林商贸技校、玉林市富英制革有限公司建立"青少年法制教育技能培训基地"和"青少年法制教育就业实习培训基地"，为未成年罪犯再就业提供良好平台。柳州市家事少年案件审理中心常态化开展判后帮教工作，曾一次性帮助14名未成年罪犯重返校园或成功就业。

（三）探索全流程帮扶，构建"司法救助+"体系

一是开辟"绿色诉讼通道"，对生活困难的未成年人诉讼案件依法减免诉讼费。南宁市良庆区人民法院对农村留守儿童案件立即立案、立即接待、立即办结。二是建立"司法救助+关爱未成年人"工作机制。广西法院在办理未成年人案件时，坚持经济救助与心理救援并重，完善分层分类救助，"司法救助+"工作经验得到推广。三是用好司法赔偿联动机制平台，根据生活困难程度确定不同救助金额，创新救助金分配机制。在审理性侵及暴力伤害未成年人案件中，主动融入未成年受害人帮扶，及时启动司法救助程序，对审判中发现的生活困难未成年子女进行特殊、优先保护。2016年至2021年10月，广西法院对9168名未成年人给予司法救助，共发放11532.5万元司法救助金。

五、积极参与社会综合治理，开创未成年人保护新举措

为适应新时代需要，满足人民群众对社会公平正义的期待，广西法院创新宣传载体，组织开展法律"六进"系列活动，将法治宣传教育资源向乡村地区倾斜，加大关爱留守儿童、困境儿童力度，助力乡村振兴，针对校园安全、经营场所管理等社会治理薄弱环节，及时提出司法建议，推动"审判+社会治理"模式创新。

（一）广泛运用多媒体平台，强化法治宣传教育

一是依托媒介平台，加大司法公开力度。2017年以来，广西壮族自

治区高级人民法院先后三次召开"未成年人审判工作""全区法院依法打击侵害未成年人违法犯罪行为"等新闻发布会,通报广西法院未成年人审判工作情况,发布典型案例。二是集中开展宣传月活动。以"六一"国际儿童节、"6·26"国际禁毒日、"12·4"国家宪法日为契机,广西三级法院强化联动,集中开展"维护妇女儿童合法权益"系列宣传周、"合力监护·相伴成长"儿童关爱保护宣传月暨"法规政策宣讲进村(居)"等活动。2021年,广西法院开展"法治护航·护航成长"主题宣传月活动,共举办宣传活动303场次,发放资料26100余份,覆盖儿童人数122000余人。三是创新普法宣传形式。由广西壮族自治区高级人民法院牵头,联合10家区级单位举办"法律同行·助力梦想"走进校园大型法治宣传教育活动15期,得到最高人民法院大力支持。广西壮族自治区高级人民法院推选的南宁市中级人民法院未成年人审判工作专题节目《成长守护者—重获新生》在CCTV12《一线》栏目播出,得到央视全方位宣传。南宁市中级人民法院采取"现场讲座+线上直播"方式宣讲"预防性侵害,我有我态度"法治课,创建"二十四号法庭"普法抖音号,发布9部作品,总浏览播放量超100万人次。玉林市两级法院制作的5部微电影已被中国民主法制出版社《普法音像》采用出版并在全国发行。百色市中级人民法院与百色市那坡县人民法院拍摄的微电影《希望》、广西壮族自治区高级人民法院与柳州市融水县人民法院拍摄的微电影《阿卓回家》分别入选全国法院第四届、第五届十佳微电影。钦州市浦北县人民法院拍摄的微电影《叶子的秘密》、贺州市中级人民法院拍摄的微电影《一个都不能少》分别荣获第二届全国法院未成年人司法保护十佳微电影、优秀微电影。

(二)大力推进法治进校园,全方位落实普法责任

一是增设普法基地,增加普法对象,扩充普法人员。认真落实"谁执法,谁普法"责任,以青少年维权岗及法官兼任中小学法治副校长为着力点,全力推进法治教育基地建设。广西各级法院均成立宣讲团,常

态化开展普法工作。目前全区共有自治区级妇女儿童维权岗120个，自治区级青少年维权岗67个，三个少年审判庭被命名为"全国青少年维权岗"，建立法治教育基地127个，共有319名审判人员担任法治副校长。玉林市中级人民法院举办家长普法课堂，北流市人民法院增设"班主任课堂"，将普法对象延伸至老师、家长；南宁市良庆区人民法院联合其他部门在两所学校设立校园维权工作站，北海市合浦县人民法院利用"车载法庭"，零距离进行校园普法宣传。二是突出普法重点，提升校园普法宣传力度。结合地域案件特点，定期或者不定期常规开展对低龄犯罪、性侵儿童、校园欺凌、留守儿童监护、校园安全等方面专题教育，编写典型案例及普法教材，引导未成年人遵纪守法，增强自我保护意识和能力。2021年1月至10月，广西法院共开展青少年普法宣传活动560场次。南宁市中级人民法院精心设计动画卡通人物"小智"，以小智说法方式编写《预防校园欺凌典型案例》，有效提升未成年人自我保护能力及预防犯罪意识。梧州市中级人民法院制定《梧州市中小学生法制教育指南》，多媒体法治课件《毒魔王的那些事儿》被教育部评为全国青少年学生法治教育优秀多媒体课件二等奖。柳州市三江侗族自治县人民法院组织三江县中学学生旁听滥伐林木案件庭审，提高主动保护野生动植物资源意识。

（三）结合乡村法治建设，完善留守困境儿童关爱措施

依托一村一法官机制，完善监测预防、发现报告、应急处置、评估帮扶、监护干预"五位一体"未成年人保护联动响应工作机制，全面推进困境儿童保障和留守儿童关爱保护工作。一是落实少年司法介入义务教育阶段辍学干预机制。广西法院通过开展"巡回法庭"进社区、进村屯等活动，加大控辍保学力度。桂林市龙胜各族自治县人民法院依法公开审理受理因辍学引发的"官告民"案件，取得良好社会教育效果。北海市银海区人民法院开展"巡回法庭"审理义务教育辍学案，帮助11名辍学适龄儿童重返校园。二是强化保护工作队伍及平台建设。钦州市浦

北县人民法院组建维权志愿服务队、浦北法院天平先锋队，玉林市博白县人民法院成立"白州女法官胡蕾队"，提升留守儿童自我保护意识。桂林市龙胜县人民法院在平等镇平等小学、龙坪小学同时挂牌成立"青少年法制教育基地"和"希望·乡村学校少年宫"，深入留守儿童家庭开展法治教育活动。三是积极引入社会力量。南宁市良庆区人民法院与广西婚姻家庭研究会签订协议，引入专业心理咨询师，为留守儿童提供心理咨询和疏导56人次。河池市都安瑶族自治县人民法院联系都安南门百货、南宁南商会等多家爱心企业到5个定点帮扶村小学开展爱心助力活动；联系腾讯公司和公益慈善基金会开展"聚微爱·共小康"教育扶贫活动，帮扶63名贫困家庭学生。

（四）加强行业监管，充分发挥司法建议作用

广西法院加强源头治理，在审理中针对校园安全、教育培训、娱乐场所管理等社会治理薄弱环节，积极向有关部门通报，适时提出司法建议，加强行业监管和行政执法，预防未成年人犯罪和保护未成年人人身安全。南宁市中级人民法院认真总结调研2018年至2020年审理涉未成年人案件经验，向南宁市教育局通报相关情况及典型案例，加强校园管理，建立健全防范校园欺凌的联防机制。东兴市人民法院就校外托管服务机构管理不规范现象发出改进管理、完善制度司法建议，受到东兴市人民政府办公室、东兴市关心下一代工作委员会认同采纳，推动校外托管机构检查工作开展。河池市天峨县人民法院就娱乐场所存在违规接纳、雇佣未成年人现象发出司法建议，走访跟踪落实情况，完善学校管理工作。

结束语

未成年人审判工作是衡量司法进步性、文明性的重要标识，未成年人保护工作只能加强，不能削弱。广西法院将提高政治站位，把握未成年人事业发展的政治方向，贯彻落实党中央、最高人民法院和自治区党委关于未成年人的决策和部署，切实把党中央对未成年人关怀贯彻到新

时代未成年人审判工作的全过程。认真贯彻实施《未成年人保护法》《未成年人犯罪法》《家庭教育促进法》，严格落实《最高人民法院关于加强新时代未成年人审判工作的意见》，积极探索未成年人审判实践和理论创新，创新未成年人审判机制，加快推进广西未成年人审判工作一体化改革司法保护建设。广西法院将不断攻坚克难、开拓奋进，为全面推进未成年人保护工作、建设新时代中国特色社会主义壮美广西、实现中华民族伟大复兴的中国梦作出新的更大的贡献，以优异成绩迎接党的二十大召开。

附录：广西法院未成年人审判工作活动图集（略）

【地方案例选登】

福建法院少年审判典型案例

案例一：申请人德化县民政局与被申请人阿某申请撤销监护人资格案

【基本案情】

申请人德化县民政局称：（1）请求依法撤销阿某对华某某的监护权；（2）指定德化县民政局为华某某的监护人。事实与理由：被申请人阿某系华某某的生母，2015年7月1日，阿某与华某某的生父赤某1（已故）将华某某以人民币98000元的价格卖给他人。案发后，华某某被公安机关解救并由德化县民政局妥善安置。2018年6月20日，阿某因犯拐卖儿童罪被德化县人民法院判处有期徒刑五年，现判决已经生效。阿某的行为已严重危害未成年人的身心健康。2018年7月25日，德化县人民检察院向德化县民政局发出检察建议书，建议德化县民政局提起撤销阿某监护人资格的诉讼。综上所述，依据《反家庭暴力法》《最高人民法院、最高人民检察院、公安部、民政部关于依法处理监护人侵害未成年人权益行为若干问题的意见》等规定，申请人为了维护未成年人的合法权益，申请依法撤销阿某为其子华某某监护人的资格，同时依法指定德化县民政局为华某某的监护人。

阿某称，同意德化县民政局的申请，只要华某某过得好就好。一是自己现在在监狱服刑，无法照顾孩子；二是自己还有三个孩子要抚养，没有办法更好地照顾华某某；三是华某某的其他亲属也均无抚养能力。

经审理查明：被监护人华某某，男，2015年7月1日出生，系阿某与赤某1（已故）的亲生子，华某某出生后，阿某伙同赤某1通过中间人介绍，将华某某卖予他人。案发后，华某某被公安机关解救，由德化县民政局先安置在泉州福利院生活，后又将其安置在辖区内一寄养家庭生活。

另查明：（1）被监护人华某某的祖母及外祖父均已去世，本案诉讼期间，其祖父赤某2和外祖母赤某3均有抚养华某某的意愿；（2）赤某2年事已高，其自身尚需其他子女赡养；（3）被申请人阿某的另外三名子女尚未成年，现均由孩子的伯父赤某4抚养；（4）赤某3腿脚不好，靠养殖和种植玉米、土豆维持生计，尚有未成年子女需要其抚养；（5）案发前，赤某2和赤某3已经获知华某某被卖的事实，但均未想要将华某某接回抚养。

【裁判结果】

法院认为：父母是未成年子女当然的监护人，但若父母不履行监护职责，甚至对未成年人实施侵害行为，再让其担任监护人将严重危害子女的成长。德化县人民法院依照《民法典》《民事诉讼法》等规定，判决：（1）撤销被申请人阿某为被监护人华某某的监护人的资格；（2）指定申请人德化县民政局为被监护人华某某的监护人。

【典型意义】

本案系法院受理的撤销监护权案件中较为典型的案件。本案中，阿某以非法牟利为目的，将亲生子华某某卖与他人，其行为已严重侵害了华某某的身心健康，故阿某不宜再担任华某某的监护人。撤销监护权之后对新的监护人的指定，事关该未成年人的健康成长，应着重考虑真正有利于未成年人的成长，按照最有利于未成年人的原则进行指定。本案中，华某某的祖父赤某2虽有抚养华某某的意愿，但其年事已高，自身尚需其他子女赡养，不具备抚养华某某的经济条件和身体条件；华某某的外祖母赤某3虽也有抚养华某某的意愿，但其尚有未成年子女需要抚养，且身体状况不好，无论经济方面还是身体方面均不具备抚养华某某的能力；华某某的姐姐和哥哥均未成年，现其3人均由伯父赤某4抚养，也不具备监护华某某的能力。华某某在福建出生后至今均在当地生活，其父母的家乡四川省凉山州，对他来说是完全陌生的地方，从血缘上讲，华某某的祖父赤某2和外祖母赤某3是除了华某某父母以外最亲近的人，但华某某出生后从未与赤某2及赤某3见过面，其二人明知华某某被卖的事实，但案发前均无意将其接回抚养，更没有与华某某建立亲情，华某某年仅3岁，若指定由远在凉山的祖父或外祖母抚养，不利于保障其身心健康，这与保障"未成年人权益最大化"的精神背道而驰。华某某被解救后由德化县民政局进行了妥善安置，由德化县民政局抚养华某某，客观上有利于保护其隐私，更有利于其健康成长，故德化县民政局提出撤销阿某对华某某的监护权，并指定德化县民政局为华某某监护人的诉求合理合法，且德化县民政局系有监护资格的未成年人保护组织，能够给华某某一个较好的生活和成长环境，故德化县民政局的诉求应予以支持。

案例二：何某聪与刘某山变更抚养关系纠纷案

【基本案情】

原告何某聪诉称：2017年10月17日，原告何某聪与被告刘某山因性格不合、感情破裂协议离婚。《离婚协议书》第二条约定：婚生子刘某诚由男方抚养，抚养费由男方承担，女方具有探视权。但是，被告上班工作较忙，没有时间照顾孩子。现孩子正处于一个探索世界和认知世界的年龄段，给予孩子关爱和帮助其树立正确世界观、价值观、人生观指引十分重要。原告作为一名人民教师，具有良好的生活品质且有充分的时间陪伴孩子，能为孩子提供更好的学习环境和生活环境，有利于孩子的健康成长。在抚养权变更之后，原告愿意全心全意照顾小孩，给予小孩全面的爱和稳定的生活。故请求判决：（1）原告、被告婚生子刘某诚变更为由原告何某聪抚养；（2）婚生子刘某诚的教育费、医疗费双方凭票据各承担50%，上述费用给付至婚生子刘某诚年满18周岁止。

【裁判结果】

经南安市人民法院调解，双方达成如下协议：（1）婚生子刘某诚由女方抚养，衣食住行由女方负责。（2）孩子从小学至大学期间的教育费双方各承担50%。（3）孩子的医疗费各自承担50%，200元以内的医疗费用由女方独自承担。（4）孩子上幼儿园之前需把孩子户口迁至女方，男方应予以配合。孩子户籍或居住地发生变化，女方需告知男方。（5）男方及男方母亲具有探视权（每周1次），经双方协商后孩子可在男方住宿一天。暑假期间经双方协商，在不影响孩子学习的前提下，男方可以接孩子在泉州住，但不能超过20天。其间如果孩子不适应，女方可以带回。春节期间孩子可以在男方居住，但不得超过15天。（6）孩子读幼儿园至小学期间，为了保证男方的权益，孩子只能在晋江或泉州市区及市区附近就读。（7）女方或其家庭成员虐待孩子，证据确凿的，男方可要回抚养权，女方必须配合。在男方居住期间孩子遭受虐待，证据确凿的，男方失去探视权。（8）女方必须保证男方的权益，女方违约的，男方可依法要回抚养权。（9）案件受理费100元，减半收取为50元，由原告何某聪负担。

【典型意义】

涉及离婚状态的当事人，未成年子女的抚养权处理是否得当，直接影响其健康成长。本案受理后，南安法院积极调解，结合双方的诉求和实际情况，有针对性地提出调解方案，打消双方的顾虑，促成双方的调解，妥善分配了双方的权利义务。

案例三：吴某女诉曾某男变更抚养关系纠纷案

【基本案情】

吴某女与曾某男原系夫妻关系，双方于2012年2月4日生育一子曾某甲。2013年4月18日，曾某男向一审法院提起离婚诉讼[案号为（2013）湖民初字第2945号]。2013年5月23日，经一审法院调解，曾某男与吴某女达成如下调解协议：（1）曾某男与吴某女离婚；（2）婚生子曾某甲由吴某女抚养，曾某男应自2013年6月起每月的10日前支付子女抚养费600元，至曾某甲独立生活止……曾某男与吴某女离婚后，曾某甲一直由吴某女直接抚养至今。厦门市湖里区残疾人联合会发给曾某甲《残疾人证》，载明曾某甲残疾类别为智力残疾，残疾等级为三级。经厦门市仙岳医院入院诊断及出院诊断，曾某甲为童年孤独症。

另查明，2017年12月12日，吴某女与他人又生育一子吴某甲（出生医学证明未载明其父亲身份情况），吴某女现与曾某甲、吴某甲共同生活。吴某女与曾某甲、吴某甲目前享受城市居民生活最低保障待遇（3人每月补助低保金1800元，其中2人享受分类施保补助金320元，合计2120元）。经厦门市仙岳医院3次诊断，吴某女均为"抑郁状态"。

曾某男则表示，其原在某超市担任防损员，每月工资3300元至3400元，现辞职要到麦当劳当配送员，每月工资与任防损员时差不多；其因要工作无法照顾曾某甲；其与吴某女离婚后未再婚再育，一直与父母共同生活，居住于父亲的房屋，母亲系三级肢体残疾，父亲要照顾母亲，均无法帮忙照顾曾某甲。

【裁判结果】

福建省厦门市中级人民法院认为：本案系变更抚养关系纠纷。夫妻离婚后子女的抚养，应从有利于子女的身心健康、保障子女的合法权益出发,结合父母双方的抚养能力和抚养条件等具体情况来确定。本案中,曾某甲患有童年孤独症,需要家人付出更多的时间、精力、物力,进行更多的照顾和管控。吴某女与曾某男离婚后,又与案外人非婚生育一子吴某甲,且吴某甲现与吴某女共同生活,由吴某女直接抚养。虽然吴某甲的抚养问题不属于本案的审理范围,但吴某甲由吴某女直接抚养的事实对于吴某女的抚养条件和抚养能力客观上具有较大的影响。吴某女因直接抚养照顾两个孩子无法外出工作,仅依靠低保为生,其经济能力也不利于曾某甲的进一步成长和治疗。吴某女已被诊断为"抑郁状态""抑郁发作",且其病历显示其抑郁症状严重,在此情况下,由其直接抚养两个孩子已经超出其抚养能力,尤其是吴某女的抑郁症病情对于抚养患有童年孤独症的曾某甲和改善曾某甲的病情均较为不利。而曾某男身体健康,有劳动能力,其主张自身不具有抚养能力依据不足。据此,依据相关规定判决:自本判决生效之日起,由曾某男直接抚养曾某甲,至曾某男甲独立生活时止;自曾某甲直接抚养曾某甲起,吴某女每月向曾某男支付直接抚养曾某甲期间的抚养费 1000 元。

【典型意义】

未成年人的抚养权问题应考虑子女利益的最大化,为未成年子女创造相对稳定的成长环境,故应全面考虑父母双方的健康、收入、生活环境等确定抚养人为宜。

案例四:阮某红诉陈某、乐某辉委托合同纠纷案

【基本案情】

乐某辉、陈某为不同教育培训机构的培训人员,双方系共同合作关系,接受部分学生家长委托,协助未达高中分数线的学生在厦门本地高中学校寄读,同时办理外地高中学籍。2016 年,阮某红之子曾某因中考

未达普通高中分数线未被厦门市普通高中录取，阮某红通过陈某了解到乐某辉能够办理高中就读事宜。

2016年7月30日，阮某红与陈某签订一份《协议书》，该份协议书的甲方标注为阮某红，乙方标注为乐某辉，约定：乙方乐某辉表示能委托校方及相关部门办理甲方之子曾某入读厦门灌口中学"厦门一中集美分校"就读事宜；在2016年秋季开学前，乙方按照上述要求为甲方子女成功进入想要的高中就读，甲方需支付乙方委托费用95000元；若在2016年秋季开学后乙方未帮甲方子女进入上述学校，乙方将在2016年9月初及时退还甲方全部费用95000元。阮某红在甲方处签字，陈某在乙方处签字。

2016年7月31日，阮某红向陈某转账支付45000元；2016年8月1日，阮某红通过林某雯向陈某支付40000元，陈某合计收到85000元。之后陈某将收取款项中的70000元交付给乐某辉，乐某辉全权负责办理，并指派林某珠统一为学生办理学费缴纳、会考组织等寄读事宜。2016年7月19日，乐某辉在家长微信群中提示"所有的借读生费用往上涨10000元，因为今年学籍放在私立校内"。2016年9月23日，林某珠在与家长的微信记录中提示"通知高中学籍办理需要每个家长回原初中毕业学校教务处让学校提供一张学籍页面的打印件，下周二之前交给林姐"。2016年9月，经乐某辉介绍，阮某红之子曾某进入安溪梧桐中学就读，但至今未获得普通高中学籍。双方确认若没有学籍，则不能以普通高考生参加高考。

【裁判结果】

福建省厦门市中级人民法院认为：从双方对讼争协议履行过程、陈某、乐某辉一审庭审中陈述以及二审中双方确认若没有学籍，则不能以普通高考生参加高考等事实足以认定讼争协议的合同目的应包含学籍，且亦为陈某、乐某辉履行合同的主要内容之一。因此，陈某、乐某辉根据协议安排阮某红之子到普通高中就读并办理高中学籍的委托事项违反我国"籍随人走"教育政策，扰乱正常教育管理秩序，损害社会公共利益，应认定为无效。陈某、乐某辉并未充分举证证明其实际发生的具体费用，因此，不支持其二人主张发生的费用，其二人应返还阮某红85000元。综上判决陈某、乐某辉应于本判决生效之日起十日内连带返还原告阮某红85000元；驳回阮某红的其他诉讼请求。

【典型意义】

学籍买卖合同违反了我国"籍随人走"的教育政策，侵害了广大未成年人公平教育的权益，破坏了教育制度的整体性、平等性和公平性价值，应认定为无效。

【域外考察与借鉴】

少年警务美国模式之审视与反思

夏 菲[*]

1899 年,美国第一个少年法庭在芝加哥设立,这也是世界上第一个专门的少年法庭,标志着美国乃至世界现代少年司法制度的诞生。1984 年,上海市长宁区人民法院设置了少年犯合议庭,这是中国第一个少年法庭,在中国少年司法制度发展史上同样具有标志性意义。显然,法院在现代少年司法制度的发展中是起引领作用的。然而,无论在美国还是中国,法院所审理的少年罪错案件绝大部分甚至全部首先是由警察处理,而且,有大量案件警察的决定就是最终处理结果。因此,警察接触的罪错少年的数量、频次远比法院法官多,并且这些少年与警察的接触往往是其与国家权威机构正式干预的首次交集,其经历、体验直接影响他们对国家机关及其工作人员的认知、态度。但是,无论是法律规范、政策指引还是学术研究,都较忽视少年警务问题,少年警务制度建设也滞后于少年审判、少年检察制度的发展,这会大大影响少年司法制度整体发展水平,也不利于有效预防未成年人犯罪以及切实保护未成年人权益。

美国少年警务的发展虽然也落后于少年法院,但美国少年法院建立时间较早,且法院对执法部门的司法监督、制约相对较强,从而可以反向带动少年警务的发展。而且,美国更早经历了青少年犯罪高峰,第二

---

[*] 华东政法大学副教授,法学博士。

次世界大战以后，政府和社会都逐渐意识到青少年犯罪问题的严重性，在这种背景下，少年警务快速发展。

对于少年警务的内涵，有学者认为：少年警务，主要是指由公安机关专职机构或专职人员围绕着未成年人犯罪预防及犯罪处置所展开的专门警务活动。这种界定体现的是以"犯罪控制"为核心的警务机制。然而，除了应对犯罪，警察同时还具有对处于危险、无人照看儿童施以援手以及教育未成年人加强自我保护等纯粹以"保护"为目的的救助类、服务类工作。因此，少年警务是指警察部门及其工作人员所开展的与未成年人有关的所有警务活动。当然，不可否认，犯罪预防和处置是警察的主要职责，也是当前少年警务的最主要内容。

一、美国少年警务的发展

（一）少年法院制度引领下发展的少年警务

美国少年警务的发展在时间上远落后于少年法院的发展，在整个20世纪甚至呈现出一种此盛彼衰的发展态势。

芝加哥少年法庭建立后，美国各州纷纷仿效。至1925年，美国每一个州都设立了专门的少年法庭。少年法院的设立使得刑事司法形成了未成年人与成年人"二元"体系，而这种新出现的以关注罪错少年个体为主而非仅仅关注罪错行为、以"矫正"而非惩罚为目的少年司法制度在20世纪上半叶得到一致认可。变化主要集中于审判阶段：法官身兼罪错少年父母的角色；案件审理的方式是非正式的谈话交流；法官要了解涉案少年的成长环境与个性特征；法官具有极大的自由裁量权作出最有利于少年改变的裁决。

与少年法院机构设置以及相应审判实践在全美推进之轰轰烈烈相比，少年警务部门的设置则显得零零散散，更谈不上在程序上发展出与办理成年人犯罪案件不同的少年罪错案件警察处置程序。1905年，在俄勒冈波特兰市，一名女警被派出处置涉及儿童的案件。1909年，洛杉矶警察局建立了专门处理儿童案件的部门。直至 1944 年警察局长国际协会以及全国警察局长协会宣布必须确保每一位警察接受如何处理儿童和青年案件以及如何进行询问以及讯问的培训。显然,警察部门最初所作的特别安排主要是让女性警察参与处理涉及儿童的案件,随后,一些大的城市警察局开始建立专门的少年警务部门,但并没有发展出明确的少年警务程序规则或警察工作手册。也就是说,在 20 世纪前半叶,警察处理少年罪错案件和处理成年人犯罪案件并没有实质区别。另外,警察的工作方式决定了其与少年接触的面更广、常常带有随机性,专门的少年警务部门工作人员不可能像少年法院法官那样集中受理少年案件。因此,警察局所有一线警察都具有处理少年案件的职责,仅仅依靠设立专门的部门无法实现对少年案件的专业化处理。尽管警察部门领导层在 20 世纪中叶意识到了这个问题,但是,受美国高度分散的警察体系所限,从这种高层警官的认知到各地实际落实还有遥远的距离。

20 世纪 50—60 年代,少年法院制度遭遇高度质疑与批评。这主要是基于两个原因:一是大量调查研究显示在少年司法体系中的罪错少年最终的矫正处遇和成年罪犯的监狱服刑并无太大差异;二是少年司法体系中的罪错少年被剥夺了宪法赋予的不得自证其罪、获得律师帮助、庭审质证等各项刑事诉讼权利。最终,联邦最高法院于 1967 年作出具有里程碑意义的高尔特案判决,明确少年法院在审理少年罪错案件中要保证被告人基本的宪法正当程序权利以及公正待遇。此后,少年法院的发展相对处于低谷期,具体表现为少年法院管辖少年罪错案件范围的缩小以及法官办案理念更接近普通刑事法院。

与此相反,少年警务恰恰是在 20 世纪 50 年代后有实质性发展,这主要是源于青少年犯罪问题日益突出。联邦调查局报告显示,1953 年,14.7% 的犯罪是由 21 岁以下的人实施,5 年后该比例上升至 19.7%。受半个世纪以来少年法院制度的影响,警察部门意识到处置少年罪错案件应当与处理成人案件不同,因此会采取任命专门的警员或者设立少年警务部门来体现特殊性。1961 年一项针对美国 30 个大城市少年警务情况的调查显示：少年警务日益得到重视，有一种趋势是将少年警务部门置于更高、更独立自主的地位；在答复问卷的22个警局中，少年警务部门的警力占本警察局所有警力的比例从2%到8%不等，平均是4%，且所有警察局在选择少年警务部门人员时都是从警局中选取符合较高标准的警员，90%的警察局为少年警务警察提供专门培训。

1973年，美国司法部法律执行援助局任命的国家咨询委员会发布了一系列旨在规范刑事司法的标准，其中一个报告是关于警察的。在该报告中，委员会建议：警察部门工作人员超过75人的，应当建立少年罪错案件调查部门，其他规模较小的警察局在社区条件许可的情况下也应当建立；所有警察局都应当为警员提供预防少年罪错行为的培训项目；每一个警局都要与法院合作，制定处理少年罪错案件的政策和程序。显然，该报告中的少年警务是以少年罪错案件处置为中心，而且内容比较原则，除了在组织机构和人员培训上有明确建议，具体政策和程序方面是留给各警察部门自己制定。

1976年年底，国家咨询委员会发布了长达800多页的《少年司法与罪错预防工作任务报告》（以下简称《报告》），对少年司法制度标准进行了细化。其中第5章至第7章都是关于警察部门在涉及少年案件时处置程序的规定。报告的另一个突出特点是规定了需要服务帮助家庭和处于危险状态的儿童。前者指家庭中少年有下列五种行为之一而家庭自己无法解决问题的：逃学、多次不尊重或滥用家长管理权、多次离家出走、多次持有或消费成瘾型饮料、不满10岁的儿童有罪错行为的。后者则指被侵害、忽视的少年儿童，包括无监护人、被生理或心理侵害、有严重疾病而不能得到治疗、被迫犯罪等。对于这两种类型的案件，主要是由少年法院和其他社会福利机构处理，但在国家机关正式干预的过程中，警察常常也是首先介入的部门。因此，该报告比较全面、详细地规定了警察在处理少年罪错案件、干预需要服务帮助家庭以及救助处于危险状态儿童时应当遵守的原则、程序，为各地方警察局完善少年警务提供了统一标准。自此，各地警察局在联邦政府刑事司法专项经费的激励下，参照该报告确立的标准发展本部门少年警务。

由此可见,美国少年警务最初的发展源于少年法院制度的发展,而且其理念总体上也是遵循了少年法院所主张的原则。但二者的发展是不同步的,推动少年警务快速发展的是政府、公众对青少年犯罪问题的担忧以及联邦政府的大力推动。

(二) 警察制度发展框架下的少年警务

美国现代警察制度的开端是19世纪30年代波士顿、纽约等大城市借鉴伦敦大都市警察模式而设立的城市警察局。此后经历了政治化时代、专业化时代、规范化时代、新警务模式时代。少年警务始于专业化时代,此后随着警察制度本身的发展而发展。

学者认为,与英国伦敦大都市警察相比,美国现代警察在其诞生时就存在起点较低、职业化程度不高的情况,而警务的政治化又极易滋生腐败问题。20世纪初,以加州伯克利警察局局长奥古斯特·沃尔默为主的警界人士致力于推动警察专业化发展,其中一个表现就是设立专门的部门,包括少年警务部门。但这一时期的专业化强调的是准军事化特征,因此,少年警务部门和警察局其他部门一样,注重的是执法、对犯罪的打击,这和同一时期少年法院所主张的以"保护""矫正"为核心的少年司法理念有较大差异。

20世纪60年代,联邦最高法院加强对警察侦查权的规范,通过罗杰斯案、马普案、米兰达案等一系列判决落实非法证据排除规则,规范执法机关侦查行为,保障犯罪嫌疑人的诉讼权利。同一时期,联邦最高法院也明确了少年罪错案件中程序合宪性原则。正是在这种背景下,警察处理少年案件如何做到既保障其宪法权利又兼顾少年案件的特殊性成为少年警务发展的核心内容与目标。1976年的《报告》中为少年警务构建的标准较好地体现了上述内容与目标。

20世纪70年代以后,聚焦犯罪问题、强调执法和快速反应为特征的警务模式遭到批评。以"破窗理论"、犯罪恐惧感研究以及问题导向警务理论为基础的社区警务理念出现并快速得到推广。这是警务理念和警务模式的巨大转变：要求警察聚焦社区中的问题而非犯罪、注重和社区建立良好关系以及为社区提供服务等，这些内容与少年司法核心理念更为契合。同时，新警务模式的发展也在很大程度上解答了之前少年警务中长期存在的一个问题：警察的角色和功能是什么？在专业化阶段和规范化阶段，警察是打击犯罪的"战士"，职责就是执行法律，这与少年司法中法官是严厉而慈祥的家长的角色定位完全不同。社区警务的发展虽然没有使得警察究竟是"战士"还是"服务者"的争论有明确答案，至少使得大部分警察局和警察认同提供社会服务是其重要工作职责。在这种背景下，少年警务中具有社会福利色彩的理念、制度才能够有生存和发展空间。1996年，司法部少年司法与罪错预防办公室联合其他部门设立了专项经费支持大城市推行聚焦青年社区警务。此种警务模式以社区警务理论为基础，通过加强警察、社区和社区青年的交流，聚焦社区青少年罪错问题，以实现有效预防的目的。

简言之，在少年法院制度初创时期，美国警察制度尚处于从政治化时期向专业化时期发展阶段，少年警务的发展更多是形式上的任命专职人员或设立专门部门。20世纪60—70年代少年法院制度和警察制度都进入程序规范化发展阶段，二者的发展方向基本合拍，但少年警务的少年特色并不显著。20世纪70年代以后，随着社区警务的发展，少年警务才具备了从组织形式到理念及具体制度整体发展的可能性。

（三）刑事政策发展背景中的少年警务

无论是少年司法制度还是警察制度都直接受到国家刑事政策的影响。19世纪晚期以来，美国历届政府对于犯罪的策略不尽相同，但是最具影响力的是始于19世纪晚期、盛行于20世纪上半叶，以改造为理论基础的"刑罚福利主义"以及20世纪70年代至21世纪初以报应为基础的"严打"刑事政策。

刑罚福利主义刑事政策基于以下两种认识形成：社会改革及经济富

裕会减少犯罪；政府对犯罪人不仅有惩罚、控制的权力，还有照顾的职责，因此，"改造"成为该刑事政策的核心原则。刑罚的目的是让犯罪人改变不良生活方式，回归到中上层阶级所建立的工业社会纪律秩序中。以少年法院为代表的少年司法制度正是这种刑事政策推行的产物和典范，反之，此项刑事政策也为少年司法制度在20世纪上半叶的快速发展提供了保障。然而，由于该刑事政策聚焦于刑罚及其执行，对审前程序的影响有限，再加上上述警察制度本身强大作用的原因，少年警务并没有发展出相应的制度与做法。

美国自20世纪70年代开始执行的严打刑事政策主要体现为：扩大犯罪圈、加重刑罚惩罚，政策和制度更关注公众所希望的犯罪人"罪有应得"。在这一时期，青少年犯罪问题引起社会、政府普遍关注。少年警务在这一阶段的发展呈现出两个趋向：第一，警察更多地介入对少年罪错行为的干预，这直接体现为警察逮捕未成年人的数量，该数据自20世纪80年代开始增长，至1996年达到290万人的历史峰值。在严打刑事政策背景下，以对轻微违法犯罪行为严格执法为主要特征的"零容忍"警务为纽约市警察局首创并为其他大城市警察局效仿。警察对诸如逃票、强行乞讨、在公共场所小便、无目的游逛、醉酒等行为采取盘问甚至逮捕措施，导致更多的未成年人进入刑事司法体系。此外，学校为保证学校安全以及加强对学生的纪律约束，与警察部门建立了更紧密的联系，很多学校甚至有独立或隶属于地方警察局的校园警察部门，警察对违抗教师管教以及其他校园不良行为这些以往由学校处理的行为采取措施，由此形成一种被学者称为"从学校到监狱之通道"。第二，随着少年罪错案件的增加，以及联邦最高法院的推动，相应的程序、规则逐渐得以确立。严打刑事政策的出台在联邦最高法院进一步规范刑事司法正当程序之后，而半个多世纪的少年司法制度理念已经为立法者和执法者所接受，在多重因素作用下，体现少年特殊性的少年警务细化规则逐步形成，1976年的《报告》为少年警务构建了一个应然之标准。虽然实践执行因时因地而异，但总体上是向此标准发展。

20世纪90年代以后,美国的犯罪数量持续下降,与此同时,严打刑事政策的负面效应日益显现。进入21世纪以后,美国刑事政策向轻刑化转变,减少进入刑事司法体系的个体成为学者、立法者和执法者的共识。在这种背景下,少年司法制度再次向"矫正"模式理性回归。这种兼顾保护少年与保护社会安全的新理念显然与警务理念更容易相互融合从而有力推动少年警务应然标准的落实、执行。

综上所述,美国少年警务的发展受少年法院制度、警察制度以及国家刑事政策等多重因素影响,在不同历史时期呈现出不同特征,从最初的人员、组织机构变化到基本原则的确立,再到规则的细化与执行,至今仍有很多问题有待解决,仍有很多制度有待进一步落实与完善。

二、美国少年警务工作内容及相关制度

美国少年警务工作内容主要包括以下几部分:处理少年罪错案件;保护受侵害少年;与少年相关犯罪预防与被害预防及其他涉及少年问题需要警察介入的事务。由于发现犯罪并采取相应措施抓获犯罪人是警察最重要、最传统的工作内容,且进入刑事司法体系的少年嫌犯处遇也是少年司法制度的核心问题,警察对少年罪错案件的工作程序一直是少年警务最主要的内容,因此,本文将少年警务工作内容分为两大类:警察处理少年罪错案件以及其他少年警务工作。

(一) 警察处理少年罪错案件

警察被称为是刑事司法体系的看门人,决定着具体案件是否进入刑事司法程序,在少年罪错案件中同样如此。在少年法院审理的少年罪错案件中,超过80%的案件来源于执法部门移送,2018年为82%,较之2005年的84%稍有下降。而警察移送少年法院的案件数量占其逮捕涉嫌罪错行为少年案件总数的比例在各地有较大差异,平均约为50%。这意味着警察处理的涉嫌少年罪错案件数量是法院审理数量的一倍。因此,在涉及少年罪错案件的刑事司法体系中,警察的处置在很大程度上决定

了少年司法理念是否能真正得以实现,而这主要体现在以下四个工作环节中。

第一,警察与涉嫌罪错少年在某具体案件中的首次接触。警察在日常巡逻过程中发现少年有罪错嫌疑,或者接学校、社区、家庭等社会报警出警,就会进行询问、制止有关行为并决定是否采取进一步措施。在这一阶段,警察有充分的自由裁量权决定案件的走向。

警察在初步调查后可以作出以下不同决定:仅予以口头警告、教育,不采取其他任何措施;予以警告,不采取其他进一步的措施,但是有正式记录提交警察局;交由父母或其他监护人管教,或将少年移交负责相关教育改造项目的社会部门;决定予以逮捕。在前三种情况下,少年都没有正式进入刑事司法体系,但在第二种及第三种情况下,警察部门存有相关信息,这对于今后该少年再次实施罪错行为时的处置有一定影响,同时也意味着该少年在警察部门有准"前科"记录。

涉嫌罪错少年被警方逮捕后,警方根据案件具体情况可以采取以下不同措施:予以释放;交由父母或其他监护人管教,或将少年移交负责相关教育改造项目的社会部门;不予羁押或羁押并移送法院。警察作出上述不同决定主要是基于以下这些因素的综合考量:少年罪错行为的严重性,少年罪错行为发生的频次,家庭以及社区对该罪错行为的态度,罪错少年在与警察接触时的行为举止。

相较于处理成年人犯罪案件,警察在处理少年罪错案件时有更大的自由裁量权。一方面,警察更多接触到轻微犯罪行为甚至仅仅只是不适当的行为,因此警察决定不采取正式处理措施的比例会更高;另一方面,在不予干预到正式干预之间,警察还可以选择将少年交由第三方。警察的自由裁量权使用得当可以既警示犯错少年,又避免不必要的刑事司法处置,反之则会出现罪错少年得不到应有的惩戒、教育或者过度犯罪化的问题。20 世纪下半叶,以少年法院为代表的少年司法制度被事实证明并非是其最初所宣称的民事性质,而是刑罚性的、监禁性的以及犯罪标签化的。自此以后,警察处理阶段少年罪错案件分流成为避免少年不必要地卷入刑事司法程序的重要措施。由美国司法行政研究院和律师协会合作发布的《少年司法标准》中就建议：对于少年涉嫌实施妨害行为、轻微犯罪行为（成瘾性行为、轻微盗窃）等，警察应当采取限制性最弱的措施，包括：不干预、给予必要协助、调解、在自愿前提下将少年移送社区组织或强制性将少年移送精神中心或公共健康部门。

对警察自由裁量权的规范主要通过以下途径实现：一是地方少年立法明确哪些案件必须移送法院，一般而言，严重暴力犯罪、缓刑假释期间再次犯罪的必须移送法院。二是各警察局制定细化的工作手册，从实体和程序两个方面确定一些工作原则。比如，确立尽量不对少年采取逮捕到案措施的原则，警察部门在决定是否移送法院时进行听证程序等。三是加强对警察的培训，包括对少年警务部门警察以及所有可能与少年接触的警察，培训内容除了上述法律、手册规定，还包括关于少年心理情绪特征、与少年进行沟通的技巧等。

第二，警察对涉嫌罪错少年进行讯问。警察讯问因其场所的封闭性、隔离性以及警察各种讯问策略的使用而必然会对被讯问人产生压迫感，无论被讯问人是成人还是未成年人，这一点早在1966年就由联邦最高法院法官在米兰达案中予以阐明。但是，由于早期少年司法制度忽略刑事司法正当程序保护，警察采取侦查措施的程序合法性问题一开始就没有得到应有的重视。1967年的高尔特案虽然拉开了保障罪错少年在刑事司法中宪法权利的序幕，但是，实践中，警察讯问少年嫌犯时应根据其身心特殊性采取与讯问成年人不同的程序、技巧这一原则的落实并不理想。

在少年罪错案件中，警察讯问的第一个问题是嫌犯的米兰达权利问题。依照米兰达规则，警察讯问前要告知被讯问人有保持沉默和获得律师帮助的权利。被讯问人可以放弃米兰达权利，但必须是出于自愿。对少年嫌犯而言，对"自愿"与否的考量以其对米兰达规则的认知程度为前提。在高尔特案之后，学者对罪错少年放弃米兰达权利进行实证研究，有的认为绝大部分少年不能真正理解米兰达权利的内容，有的研究则显示不同年龄阶段的少年在理解能力上有差异，但都在不同程度上存在理解不全的问题。20世纪90年代末以来，医学界对青春期个体的脑部结构和神经发育研究兴起。研究证实，人的大脑结构，特别是皮质至20岁早期仍然在向成熟发展。因此，即使警察在讯问前向少年嫌犯宣读了米兰达规则，他们因自身认知能力问题也无法真正理解其内涵，更不清楚放弃米兰达权利的后果是什么。在这种情况下，如果不采取特别措施确保少年嫌犯能够充分理解米兰达权利内容，那么刑事司法对少年嫌犯的权利保障还不如成年嫌犯。

联邦最高法院也早就意识到对少年嫌犯放弃米兰达权利而作的认罪口供要予以特别审查，并在1969年确立了"综合因素考量"的审查原则，也就是要结合少年嫌犯的年龄、认知能力、受教育程度、身体状况、讯问时的具体情境、少年以往进入刑事司法体系的经历等因素综合判断该少年是否自愿放弃米兰达权利。但这毕竟是一种事后的审查，而且由法官自由裁量决定，对警察讯问缺乏直接的指导、约束。因此，有些地方警察部门发展出专门对少年嫌犯适用的米兰达规则，如新罕布什尔州于1985年开始对少年嫌犯使用一种对各项权利在宣读后分别予以解释并逐一确认少年是否理解的模式。有些州法院则要求少年嫌犯必须在其家长或其他合适成年人指导建议下作出是否放弃米兰达权利的决定，否则法院将不认可口供证据。学者则认为在讯问过程中始终有少年嫌犯父母或其他合适成年人在场，或者少年案件中确保有律师代理是更为有效的方法。

少年罪错案件中，警察讯问的第二个问题是讯问策略与技巧。瑞德讯问术为美国大多数警察部门所采用，其所包含的讯问策略与技巧有：以提供虚假证据方法对被讯问人施加压力或制造假象以获取认罪口供，不让被讯问人说话除非他（她）认罪；反复讯问同样问题；引导性提问等。警察在讯问少年嫌犯时同样采用上述策略与技巧，而这往往并不能进入法官审查视线。

大量心理学研究显示，未成年人对特定事件的理解、记忆和表述更容易受到一系列社会和精神因素的影响,也就是其"易受暗示性"程度比成人更高,年纪越小越容易受他人影响。因此,在讯问中,当警察使用上述压迫性、欺骗性技巧时,被讯问少年很容易被警察引导而作出与事实情况不相符的陈述,甚至是虚假认罪。2002年的一项研究显示,在125起被证实是虚假认罪的案件中,有40起是18岁以下的未成年人案件,其中7人不满14岁,根据这些未成年人的陈述,导致他们虚假认罪的一个很重要的原因是讯问警察说:只要认罪,就可以回家。此外,警察还假装有DNA鉴定证据以对被讯问少年施加强大压力并在讯问中展示现场照片为其口供提供素材。

2021年,警察在讯问少年嫌犯过程中使用欺骗等策略获取口供的做法最终引起一些地方立法的干预,伊利诺伊州、俄勒冈州以及纽约州议会已经通过法律,禁止警察在讯问未成年人时采用上述欺骗性技巧,其他一些州也有跟进此类立法的趋势。

第三,对少年嫌犯的逮捕与羁押。在美国刑事司法制度中,逮捕是案件启动的标志以及让嫌疑人到案的手段,被逮捕的嫌疑人是否需要被羁押由法官审查决定。但是,在嫌疑人被逮捕到其面见法官期间的24小时或48小时内,嫌疑人是在警察控制之下,失去人身自由,处于暂时的被羁押状态。在少年罪错案件中,为显示与成年人案件的区别,往往用"控制"代替"逮捕",这样的好处是减少负面标签影响,即那些曾经被采取过控制措施而最终未受司法判决处置的少年在今后求学、就职过程中可以就"是否被执法部门逮捕过"这一提问作否定回答。

按照少年司法儿童保护理念,对涉嫌罪错的少年应当尽量不使用逮捕措施,1976年的《报告》也要求警察尽量采用传唤这种不限制人身自由的方式。然而,受严打刑事政策影响,20世纪80年代以来,警察逮捕未成年人的数量持续上升,进入21世纪后才逐步下降。即便如此,2018年美国全国对未满18岁未成年人执行逮捕的仍达72.8万次。

关于警察逮捕未成年人后的控制时间,1976年的《报告》指出:警察逮捕未成年人后,应尽快交法院决定是否羁押或者交由该未成年人的父母，羁押在警察局看守所只能在极少情况下使用。如今，联邦法律确立的标准是将警察的控制时间限定在 6 小时以内，但各地警察局的具体规定则存在差异。比如，马萨诸塞州是按照联邦标准执行，明确警察一旦核实了少年身份信息并完成登记程序后就应当将其带至法官处，或者交于其父母、其他监护人，或者移交专门的社会机构。芝加哥警察局则规定对不满 12 岁的少年，警察控制时间不超过 6 小时，12 岁以上的未成年人则一般是不超过 12 小时，在暴力犯罪中可以达 24 小时。

关于逮捕后以及法官裁定予以羁押的少年嫌犯的羁押场所问题，未成年人和成年人应当分别羁押，这是少年司法制度发展初期就得到广泛认同的原则。然而，最新数据显示，2019 年年中单日在看守所羁押的未成年人数为 2900 人，其中 76% 是在成人看守所被羁押，这一比例在近 20 年里基本没有变化。这部分未成年人主要是 16 岁、17 岁涉嫌严重犯罪的未成年人，还有就是农村、偏远地区因为没有专门的少年看守所而被羁押于成人看守所的。

第四，警察部门对涉案少年档案信息管理问题。少年法院对少年案件采取前科记录封存制度，然而警察部门的记录封存问题却长期没有得到应有的重视，其结果是，虽然单位、个人很难从少年法院那获得罪错少年的前科信息，却很容易从警察那里获得。警察部门所保存的信息所涉及的少年，不仅包括最终被法院认定构成罪错的少年，还有仅被警察口头警告或者在警察处理阶段被分流出刑事司法体系的少年。而信息内容除了执行逮捕等法律文书，还有少年嫌犯的照片、指纹甚至 DNA 信息等。

20 世纪 60 年代，研究调查发现，警察部门的信息披露广泛存在，不仅是应其他执法部门要求调取信息，还包括应军队招募人员背景调查需求而披露，有些警察部门甚至会将信息披露给私营单位雇主，因为他们认为雇主有权知道其要雇用的人所犯罪错的情况。有 7 个州的法律规定了警察部门少年前科记录销毁制度，一般都规定在法院裁决生效一段时间后销毁，有些规定还要求少年在此期间没有再犯或法院认为该少年行为已经矫正等。显然,在这一时期,大部分州都没有关于警察销毁少年前科记录的规定。

1976年的《报告》就警察部门对少年嫌犯的照片、指纹管理与一般信息管理分别作了规定。对于指纹和照片,《报告》首先限定了提取少年指纹的条件,在指纹和照片的使用方面确立了严格限制使用原则,即,执法部门为履行职务可以使用少年的指纹和照片,其他使用则应当由法院基于个案许可。《报告》还规定,少年的指纹档案和照片在下列情形下须从其档案移出或销毁:没有指控或指控被撤销,少年未被认定有罪错行为,少年已满21岁,且16岁后没有罪错行为。警察部门保存的少年罪错记录应当与成年犯罪人的记录分别保存。对于一般信息,《报告》规定了未成年人信息与成年人信息分别保存原则、未经法院许可不得披露原则。

半个世纪后,上述情况有所改善,但各地存在差异,距离理想目标仍有较大差距。最新统计显示,所有州的法律都规定少年法院程序的记录要保密,15个州只规定了销毁少年法院记录,25个州和哥伦比亚特区的法律允许青年申请销毁其警察部门和法院记录。而且,有些州规定记录包括执法部门所有涉案少年的档案、信息,有些则未将照片、指纹、DNA等个人信息纳入销毁范围。

(二) 其他少年警务工作

除了处理上述少年罪错案件,少年警务的工作内容主要还包括以下三个方面。

首先,保护受侵害的少年。这既包括犯罪被害人也包括受其他行为侵害的少年,如遭虐待、忽视的少年。警察在查处成年人犯罪案件以及少年罪错案件过程中,遇到受害人是未成年人的,要采取特别措施,包括即时联系家长或其他监护人、个人信息保护、联系社会机构给予生理、心理照顾等。在这项工作中,警察需要与儿童保护服务机构等其他政府部门或社会福利机构密切合作。特别是在儿童遭遇家庭虐待、忽视的案件中，如果是警察先接到报案出警，就需要评估该儿童所处的家庭环境是否安全、是否需要将儿童从其家庭中带离。即使是儿童保护服务机构先到现场，当其决定要将儿童带离时，也往往需要警察协助执行。这种决定的作出对该儿童和家庭都会产生很大影响，因此对警察而言也提出了更高要求。有些儿童保护服务机构就表示，在处理此类案件中，警察会更侧重于搜集证据证实犯罪，而不是将保护儿童放在首位。

其次，少年相关犯罪预防与被害预防。刑事司法体系中，警察部门是最接近社区的，因此，在犯罪和被害预防方面也最具条件和责任。就目前警察所采取的措施而言，主要包括以下三大类工作：一是在日常警务工作中强化少年犯罪和被害预防，比如，加大对重点区域的巡逻，特别是少年经常出没的公共场所以及校园周边，及时发现、制止少年违法犯罪行为，排除学校周边的安全隐患；二是积极参与学校犯罪与被害预防教育，很多地方警察部门与辖区内学校建立常规联系，由警察到学校开展讲座，宣传法律知识和自我保护常识；三是积极参与各类行为、心理矫治项目，比如，参与吸毒治疗项目，让项目参与人了解相关法律。

最后，组织活动增进少年对警察的信任。少年对警察的信任有助于其形成对法律权威的尊重，也有利于提高警察执法和犯罪预防工作的成效。各地警察部门主要通过组织警察职业体验项目、警察运动联盟项目来增进警察与少年的相互了解和信任。前者指警察部门自己组织或者参与商业机构组织的针对青少年的警察职业体验项目，让参与者了解警察工作内容、方式。据统计，每年大约有2500名青少年参加该项目。警察运动联盟则有较长历史，发源于20世纪早期的纽约，当地警察在办理少年团伙犯罪案件过程中发现导致这些少年犯罪的一个原因是他们没有什么娱乐消遣方式和地点，于是警察自发寻找运动场所并担任运动教练。1932年，纽约警察局正式宣布成立少年警察运动联盟。如今，大城市警察局基本以非营利机构的形式通过募集资金开展此项活动，让少年更多参加体育运动并在运动中增进和警察的友好关系。

三、美国少年警务的模式之反思

从上述内容可见,美国少年警务制度虽然仍存在各种问题,但已经得到全面发展,无论是在刑事司法领域还是一般意义的社会安全以及警民关系方面,各个环节上的相关立法、政策、制度都已经建立。回顾总结其发展历程和工作内容,有两个问题值得我们深思。

(一)警察干预少年罪错行为的界限

美国少年警务模式的一大特点是警察与少年的接触面是非常广泛的。纯粹以保护为目的的警务工作争议较少,但是对涉嫌有罪错行为特别是身份犯罪行为的少年予以干预的界限及其效果,却在理论和实践上经历了变化。

美国刑事司法体系所处理的少年罪错案件包括两大类:一类是依照刑法规定无论是成年人还是未成年人都应当承担刑事责任的犯罪行为;还有一类是"身份犯罪",也就是因为是未成年人实施所以构成犯罪,而成年人实施则不是犯罪的行为,比如,逃学、离家出走,不听父母或教师管教、与犯罪团伙人员在一起等。就第一类行为而言,因为美国各州刑法规定的承担刑事责任年龄普遍低于我国《刑法》规定,且行为本身包括我国《刑法》规定的犯罪行为和《治安管理处罚法》规定的治安违法行为,因此,实际涉及的少年犯罪案件数量远比我国要多。而"身份犯罪"则类似于我国《预防未成年人犯罪法》所规定的不良行为。数据显示,2018年少年法院处理第一类少年罪错案件逾74.5万件,少年身份犯罪案件近9.8万件,前期警察处理的此类案件数量显然更多。

将反抗父母管教定为违反法律的行为,无论是在英美国家还是中国都有历史传统。1646年,美国第一部关于不服管教儿童的立法在马萨诸塞湾殖民地通过,对于不服管教或者反抗父母的儿子,甚至可以处死。在学者看来,此类法律在当时更多是出于经济目的考虑,即确保家庭中仆人和孩子服从管教,以保障家庭农牧业活动的正常进行。少年法院制度出现后,各州法律陆续将此类身份犯罪划归少年法院管辖,并且身份犯罪的种类也予以扩大。此时,其目的主要是希望通过国家机关对少年不良行为的早期正式干预来及时纠正其不良习性,防止其最终走向犯罪。

这种早期干预,如果是如少年法院制度最初所倡导的是以一种非刑事的、保护的方式进行,具有合理性。但实际上,其处理仍然是在刑事司法体系内运行,警察接警处置并导致此类少年被审前羁押的情况十分常见。据统计,1971年6月30日单日,在被羁押的4.8万余名少年中,21%是身份犯。自20世纪50年代少年法院开始遭受质疑起,身份犯问题也是其中被批评较多的。批评者指出,因为标签作用以及制度实际运行中往往身份犯和其他罪错少年关押在一起而习得犯罪等原因,对少年身份犯罪的干预常常是更容易导致其滑向犯罪,而不是制止犯罪。

1974年的《少年司法和罪错预防法》是对之前有关身份犯罪处理之争论的回应。该法要求各州在处理身份犯的程序方面作巨大改变,如此才能获得联邦资助。主要内容之一就是改变以往那种通过刑事司法体系处理身份犯罪的做法,将此类行为和一般罪错行为区分开。此后,很多州一方面通过立法缩小身份犯罪范围,另一方面积极推进分流项目,包括警察接警后将少年分流至社区相关机构或项目中,而不是移交少年法院审理。

综上,对于少年身份犯罪行为以及其他轻微的罪错行为,以警察为看门人的刑事司法体系的干预应当十分审慎,是家庭、学校及其他社会机构处置无效情况下的最后选择。警察一旦介入,涉事少年的负面标签影响必然产生,因此,最好的做法是立法减少身份犯罪罪名,实践中严格限制警察介入条件,而不是先将大量行为纳入身份犯罪类型中,实践中再由警察分流出刑事司法体系。

(二) 少年警务中的警察角色与功能

警察干预少年行为的合理界限是由警察的角色和功能决定的。虽然1829年伦敦大都市警察局建立时强调警察的主要功能是犯罪预防,警察就是公众。但借鉴英国警察制度发展起来的美国警察在很长一段时间里强调的警察功能就是法律执行,特别是处置犯罪。社区警务推行以来,警察功能和形象有所改变,但处置犯罪仍然是其首要、核心职能。而且,从对抗式刑事诉讼模式来看,警方和被告显然是对抗的两端。警察虽然知道也认同对于未成年犯罪嫌疑人要采取与成年嫌疑人不同的程序,但终究还是犯罪嫌疑人。要求警察以法官甚至社会福利机构工作人员的角色方式对待涉案少年,显然不现实。

基于上述原因,为确保"儿童最大利益"原则在少年警务制度和工作中的落实,需要做到以下三点。

首先,在组织形式上,要建立专门的少年警务部门,同时对所有警察进行必要的少年问题培训。如上文所言,任命专职少年警务警察、建立专门的部门只是少年警务发展的初级阶段。但不可否认的是,这也是最现实的方式。受警察角色和文化的影响,让所有警察都具备保护少年的意识并践行于实际工作中还需要较长的时间。在此之前,由专门的部门、人员集中处理少年案件,可以在很大程度上保证制度落实。

其次,需要有明确、细致的法律、规范界定警察行为,包括什么情况下可以采取强制措施,什么情况下可以羁押,讯问时不能使用哪些技巧等。换言之,顺应警察注重法律执行之文化特征,以具体的法律、规则、部门工作手册先规范警察行为,并以此推进警察文化的改变。

最后,要建立警察部门和其他国家机构、社会组织的合作机制。警察保护处于危险境地的儿童、分流罪错少年,都需要有相应的机构、项目支持,警察部门自身不可能承担长期救助、保护儿童以及对罪错少年进行矫治的职责。因此,少年警务的发展也依赖国家和社会整体儿童权利保障制度和机制的发展。

(来源:《青少年犯罪问题》2021年第6期)

2023 年中国审判指导丛书征订单

《中国审判指导丛书》——各级人民法院审判工作权威参考指导用书								
代号	书　名	全年辑数	定价	邮费	合计	订购份数	合计	
202319	《刑事审判参考》	六辑	408.00	61.20	469.20			
202310	《民事审判指导与参考》	四辑	272.00	40.80	312.80			
202311	《商事审判指导》	两辑	136.00	20.40	156.40			
202312	《立案工作指导》	两辑	136.00	20.40	156.40			
202313	《审判监督指导》	两辑	136.00	20.40	156.40			
202314	《知识产权审判指导》	两辑	136.00	20.40	156.40			
202315	《涉外商事海事审判指导》	两辑	136.00	20.40	156.40			
202316	《中国少年司法》	四辑	272.00	40.80	312.80			
202317	《执行工作指导》	四辑	272.00	40.80	312.80			
202318	《国家赔偿与司法救助办案指导》	两辑	136.00	20.40	156.40			
202324	《行政执法与行政审判》	六辑	408.00	61.20	469.20			
合计总额：¥		万	仟	佰	拾	元	角	分

银行汇款方式：

开户行：工行北京国家文化与金融合作示范区金街支行
户　名：人民法院出版社有限公司
账　号：0200000709004606170

邮局汇款方式：

邮　编：100745
地　址：北京市东城区东交民巷 27 号
单　位：人民法院出版社有限公司

订购单位（含详细地址）			
纳税人识别号		电子邮箱	
邮编	联系人	联系电话	
汇款单位（人）		汇款日期	

人民法院出版社工作总站联系人：

靖存锴　010-67550595/18601032892（微信同号）

王玺佳　010-67550536/18601031761（微信同号）

请填写完整后发传真至 010-67550541 或拍照发邮件至 fysgzzz@163.com

中国审判指导丛书
——各级人民法院审判工作权威参考指导用书

《刑事审判参考》：最高人民法院刑事审判第一庭、第二庭、第三庭、第四庭、第五庭共同主办。自2021年起，丛书由人民法院出版社出版发行，作为《中国审判指导丛书》的重要组成部分。丛书自1999年4月创办以来，秉承立足实践、突出实用、重在指导、体现权威的编辑宗旨，在编辑委员会成员、作者和读者的共同努力下，密切联系刑事司法实践，为刑事司法人员提供了有针对性和权威性的业务指导和参考，受到刑事司法工作人员和刑事法律教学、研究人员的广泛欢迎。丛书主要收录指导案例、刑事司法规范及其理解与适用、刑事政策及其解读、理论前沿、实务探讨、编辑部答疑、经验交流、疑案争鸣等内容。2021年，作者将对丛书的体例、栏目设置及相关内容等进行完善和提升，力求以全新的面貌将更权威、实用的内容展现给读者。全年6辑，每辑68.00元，共408.00元。

《民事审判指导与参考》：最高人民法院民事审判第一庭编。丛书收录最高人民法院关于民事审判工作的司法解释及其理解与适用、指导意见和最新政策精神及其解读、民事审判会议纪要、最高人民法院典型案例评析、示范性裁判文书、实务研讨、理论研究、各地方法院经验交流等内容，旨在传播最高人民法院和地方各级人民法院的优秀民事审判工作经验，对最新疑难经典案例进行探讨与解析，提供审判实践中解决疑难问题的思路，是最高人民法院民事审判第一庭履行对下指导职责的工作平台。全年4辑，每辑68.00元，共272.00元。

《商事审判指导》：最高人民法院民事审判第二庭编。丛书刊登最高人民法院关于商事审判工作的指导意见、司法解释及其理解与适用、典型案例评析文章、示范性裁判文书、地方实务调研成果、理论研究文章等。丛书对各级人民法院商事审判工作具有重要指导作用和参考价值。全年2辑，每辑68.00元，共136.00元。

《立案工作指导》：最高人民法院立案庭编。丛书主要收录有关立案的司法解释理解与适用、各级人民法院立案工作的实践经验、调研报告和案例评析等。丛书对各级人民法院立案工作具有重要指导作用和参考价值。全年2辑，每辑68.00元，共136.00元。

《审判监督指导》：最高人民法院审判监督庭编。丛书主要收录关于审判监督工作的司法解释及其理解与适用、最新的政策与精神及其解读、最高人民法院案例评注、典型案例、会议纪要、优秀裁判文书、业务交流等内容。另外，还设置了审监信箱，回应全国法院审判监督工作中的疑难问题。丛书对各级人民法院审判监督工作具有重要指导作用和参考价值。全年 4 辑，每辑 68.00 元，共 272.00 元。

《知识产权审判指导》：最高人民法院民事审判第三庭编。丛书主要内容包括知识产权审判政策与精神、司法解释理解与适用、调研报告和案例评析，以及反映知识产权审判动态的专题论述和优秀裁判文书等。丛书对各级人民法院知识产权审判工作具有重要指导作用和参考价值。全年 2 辑，每辑 68.00 元，共 136.00 元。

《涉外商事海事审判指导》：最高人民法院民事审判第四庭编。丛书收录当年出台的司法解释、司法指导性文件以及涉外商事案件相关问题的批复和案例评析，重点收录最高人民法院对高级人民法院有关国际商事仲裁裁决司法审查法律问题请示的复函，并附有高级人民法院的请示。丛书对各级人民法院涉外商事海事审判工作具有重要指导作用和参考价值。全年 2 辑，每辑 68.00 元，共 136.00 元。

《中国少年司法》：最高人民法院少年法庭指导小组编。丛书设置了有关少年司法工作的政策与精神、法官论坛、改革与探索、理论与实务研究、典型案例、裁判文书以及规范性文件等栏目。丛书的出版，旨在切实加强对少年司法工作相关问题的研究、加强对全国少年法庭工作的指导、强化相关方面的调查研究和理论探讨。丛书对各级人民法院少年审判工作、相关政法部门少年司法执法工作和有关社会组织的未成年人权益保护工作，都有重要的指导作用。全年 4 辑，每辑 68.00 元，共 272.00 元。

《执行工作指导》：最高人民法院执行局编。丛书对我国目前执行工作中的重点、热点和难点问题，从不同角度进行理论研究和实践经验的提炼与总结；同时，丛书紧紧围绕最高人民法院执行工作大局，紧密结合执行工作理论与实践，为全国广大法官以及其他法律职业者提供及时、权威的执行工作业务指导和参考，对正确理解相关规定、统一执法标准和破解执行难问题具有重要指导作用。全年 4 辑，每辑 68.00 元，共 272.00 元。

《国家赔偿与司法救助办案指导》：最高人民法院赔偿委员会办公室编。编委会成员分别由全国人大法工委国家法室、最高人民法院赔偿委员会办公室、最高人民检察院刑事申诉检察厅、公安部法制局、司法部法制司、财政部条法司等部委工作人员组成，收录了国家赔偿与司法救助相关的政策、法律法规、司法解释及其理解与适用，有普遍指导意义的请示案件及其答复，重大新型疑难案例评析，国家赔偿理论与实务研究，国家赔偿工作调研报告，地方国家赔偿工作动态等内容，集中反映最高人民法院、最高人民检察院等单位对于国家赔偿工作重要政策、观点、理论研究和实践指导的意见，对国家赔偿与司法救助工作具有重要的指导作用和参考价值。全年 2 辑，每辑 68.00 元，共 136.00 元。